FiNALE Prüfungstraining

Zentrale Klausur 2016

Nordrhein-Westfalen

W0381382

Deutsch

Marina Dahmen
Dr. Wolfgang Fehr
Helmut Lindzus

westermann

FiNALE

Leider ist es uns nicht bei allen Quellen gelungen, die Rechteinhaber ausfindig zu machen und um Abdruckgenehmigung zu bitten. Ansprüche der Rechteinhaber werden selbstverständlich im Rahmen der üblichen Konditionen abgegolten.

Druck A[1]/Jahr 2015
Alle Drucke der Serie A sind im Unterricht parallel verwendbar.

Redaktion: Dr. Christine Steinhoff
Kontakt: finale@westermann.de
Layout: Druckreif! Sandra Grünberg, Braunschweig
Umschlaggestaltung: Janssen Kahlert Design & Kommunikation, Hannover
Satz: KCS GmbH · Verlagsservice & Medienproduktion, Stelle / Hamburg
Druck und Bindung: westermann druck GmbH, Braunschweig

ISBN 978-3-14-**171610**-8

Inhaltsverzeichnis

Vorwort: Arbeiten mit FiNALE

Im Juni 2016 werden in Nordrhein-Westfalen zum Ende der Einführungsphase der Sekundarstufe II zentrale Klausuren durchgeführt. Die Klausuren dienen der Rückmeldung zum erreichten Lern- und Bildungsstand am Beginn der Qualifikationsphase der Sekundarstufe II und werden in den Fächern Deutsch und Mathematik geschrieben.

Mit FiNALE haben Sie die Möglichkeit, sich optimal auf die zentralen Klausuren vorzubereiten. FiNALE ist nicht so angelegt, dass Sie das ganze Buch von vorne nach hinten durcharbeiten müssen. Sie können gezielt Teile auswählen, um bereits vorhandenes Wissen zu festigen und zu vertiefen bzw. noch bestehende Lücken durch geeignete Informationen und passende Übungen zu schließen.

Für die Vorbereitung auf die Klausur schlagen wir folgende Arbeitsweise vor:

- Zunächst sollten Sie das Kapitel „Informationen zur zentralen Klausur" lesen. Dort finden Sie die verbindlichen Vorgaben für die zentrale Klausur im Fach Deutsch und eine Erläuterung der vorgeschriebenen Aufgabenart I A.
- Danach bieten sich zwei Möglichkeiten zur weiteren Arbeit an:
  a) In Form eines Selbsttests versuchen Sie, ausgewählte Aufgabenbeispiele selbst zu lösen, bevor Sie sich ansehen, welche Erwartungen mit den Aufgaben verbunden sind.
  b) Nach dem Lesen der Texte und Aufgabenstellungen beschäftigen Sie sich intensiv mit den Beispiellösungen, die zu den Aufgabenbeispielen jeweils angeboten werden. Erst danach versuchen Sie eine eigene Lösung der Aufgaben.
- Im Kapitel „Basiswissen" können Sie wichtige Grundlagen auffrischen, die Sie für die zentrale Klausur brauchen. Sollten Sie z. B. nicht mehr genau wissen, was man unter erlebter Rede versteht oder wie man korrekt zitiert, dann lesen Sie noch einmal in den entsprechenden Kapiteln nach.

Bei diesen Vorschlägen zur Arbeitsweise mit FiNALE handelt es sich nur um Anregungen, die Sie nach eigenen Vorstellungen variieren können.

Wir wünschen Ihnen schon an dieser Stelle viel Erfolg!

1 Informationen zur zentralen Klausur

Inhaltliche Vorgaben

Die Aufgaben, die in den zentralen Klausuren gestellt werden, beruhen auf verbindlichen Vorgaben. Für die zentrale Klausur 2016 im Fach Deutsch ist Folgendes vorgegeben:

- **Aufgabentyp:** I A
- **Inhaltsfeld 2:** Texte
- **Inhaltlicher Schwerpunkt:** Erzähltexte

Der Aufgabentyp I A

Der Aufgabentyp I A fordert die Analyse eines literarischen Textes. Damit sind fiktionale Texte gemeint wie Erzählungen (Romane, Kurzgeschichten, Novellen etc.), Dramen und Gedichte.

Da für die zentralen Klausuren 2016 Erzähltexte als inhaltlicher Schwerpunkt vorgegeben sind, werden literarische Texte, die dieser Textsorte entsprechen, für die Vorlage ausgewählt. Das können kurze Erzählungen oder Auszüge aus Romanen sein.

Die Analyse des vorgelegten literarischen Textes macht den Schwerpunkt der Aufgabenstellung aus. Dazu gehört:
- das Erfassen des erzählten Geschehens mit Handlung, Zeit und Ort,
- das Benennen der zentralen Themen,
- das Beschreiben der literarischen Gestaltung wie Textaufbau, Figurengestaltung, Sprachgebrauch usw.,
- ggf. das Erläutern von Bezügen des Textes zu geschichtlichen, gesellschaftlichen, biografischen Zusammenhängen,
- das Erörtern von Intention und Wirkung des Textes.

Aufgabenstellungen können z. B. so lauten:
„Analysieren Sie den Text, indem Sie
- die erzählte Situation und das Geschehen wiedergeben,
- den Aufbau der Handlung beschreiben,
- die erzählerischen und sprachlichen Mittel zur Darstellung von ... untersuchen,
- die Analyseergebnisse zusammenfassend deuten.“

Gegebenenfalls kann auf die Aufgaben zur Textanalyse auch ein weiterführender Schreibauftrag folgen. Der weiterführende Schreibauftrag wird in einer weiteren Teilaufgabe formuliert und bezieht sich auf ausgewählte Aspekte der Analyse. Dabei kann etwa verlangt werden, dass thematische Aspekte des Textes erörtert oder bewertet werden. Aufgabenstellungen zu diesem Teil der Aufgabe können z. B. lauten: „Erörtern Sie, inwiefern in dem vorliegenden Textauszug Selbst- und Fremdbild das Handeln der Figuren leiten." oder „Bewerten Sie im Anschluss an die Analyse der Kurzgeschichte die Position, die der Ich-Erzähler in Bezug auf die Verhaftung seines Nachbarn einnimmt."

Daneben kann es auch auch eine produktive Aufgabe im Anschluss an den Text geben. Aufgabenstellungen zu diesem Teil der Aufgabe können z. B. folgendermaßen lauten: „Schreiben Sie den letzten Abschnitt des Textes in eine andere Erzählperspektive um (z.B. Innensicht einer Figur statt Außensicht)."

Der weiterführende Schreibauftrag soll im Verhältnis zur Textanalyse der kleinere Teil sein.

2 Aufgabenbeispiele mit Musterlösungen

Sibylle Berg: Vera sitzt auf dem Balkon

Aufgabenstellung

Analysieren Sie den Text im Hinblick auf die erzählte Beziehung der Figuren Vera und Helge, indem Sie

- die erzählte Situation und das Geschehen wiedergeben,
- das innere Geschehen der Figur Vera erläutern,
- die erzählerischen und sprachlichen Mittel zur Darstellung von Vera untersuchen,
- die Analyseergebnisse zusammenfassend deuten.

Materialgrundlage

Sibylle Berg: Vera sitzt auf dem Balkon. Aus: Ein paar Leute suchen das Glück und lachen sich tot. Roman, 6. Kapitel, Leipzig 1995.

Vera sitzt auf dem Balkon *Sibylle Berg (*1962)*

Vera und Helge sind verheiratet. Schon lange. Wissen sie eigentlich gar nicht, warum.

Sie sitzen draußen, auf dem Balkon. Es ist ein Sommerabend. Die Luft fleischwarm und macht im Menschen das Gefühl, dass er etwas unternehmen müsste, in dieser Nacht, das ihr gerecht wird, in der Aufregung, die sie verursacht. Was kann ich machen, mit so einer schönen Nacht, denkt sich Vera und weiß keine Antwort. Und eigentlich auch keine Frage. So eine Nacht ist eben eine Nacht. Die will gar nichts gemacht kriegen. Vera sieht Helge an. Der sitzt neben ihr und ist tausend Gedanken entfernt.

Sie würde gerne rübergehen, zu ihm. Aber sie weiß nicht wie. Sie schaut in den Himmel und sucht dort den Satz. Der alles ändert. Ein Satz nur. Himmel, schenk mir einen. Der Himmel bleibt stumm und schön, und Wunder gibt es eben nicht. Wunder muss es aber geben, denkt Vera und guckt stur in den Himmel. Und dann guckt sie zu Helge rüber und der guckt geradeaus. Helge trinkt Bier.

„Helge ...“ Helge trinkt Bier.

„Ein schöner Abend.“

Helge bleibt stumm, und Vera könnte gut tot umfallen. So leer fühlt sie sich an und weiß gar nicht, warum sie noch hier sitzen soll, oder aufstehen, oder weiterleben. Der Himmel ist ein Verräter, und einen Gott gibt es nicht. Vera nimmt ihre Hand und legt sie auf die von Helge. Da liegt sie dann so. Helges Hand bewegt sich nicht.

Sie fühlt, dass ihre Hand weglaufen möchte. Sie mag das schwitzige Ding nicht anfassen müssen. Nichts ist peinlicher als eine Hand, die man anfasst und die sich nicht bewegt, denkt Veras Hand, sondern nur atmet. Vor lauter Widerwillen laut atmet. Das denkt sich Veras Hand so, und Vera selbst schämt sich und nimmt ihre Hand weg, um sich eine Strähne aus dem Gesicht zu wischen. Sie steht auf und geht in die Küche. Der Abwasch steht noch da. Vera bindet sich die Schürze um. Sie wäscht ab und überlegt sich, was sie morgen ins Büro anziehen soll. Dann fällt ihr ein, dass Nora bald Geburtstag hat, und sie schüttelt den Kopf. Es gibt doch wirklich wichtigere Sachen als so einen blöden, warmen Abend und eine Hand, die nicht von ihr angefasst werden will.

Beispiellösung

Der vorliegende Text ist das 6. Kapitel des Romans „Ein paar Leute suchen das Glück und lachen sich tot“ von Sibylle Berg, erschienen 1995. In diesem Kapitel wird von Vera und Helge erzählt, einem schon länger verheirateten Ehepaar, das einen warmen Sommerabend auf dem Balkon verbringt. Sie sitzen schweigend nebeneinander, jeder in seine Gedanken versunken. Vera beginnt zögernd zu sprechen, es sei doch ein schöner Abend, doch ihr Mann antwortet nicht und trinkt weiter sein Bier. Auch als sie seine Hand berührt, reagiert Helge nicht. Vera steht schließlich auf, um in der Küche zu arbeiten, dabei denkt sie an den morgigen Tag und an eine andere Frau, die demnächst Geburtstag hat.

Zum inneren Geschehen der Frau

Die Erzählung vermittelt vor allem das innere Geschehen einer Figur, nämlich Veras. Von der äußeren Situation, dem Abend und der Wärme des Sommers, angeregt, sehnt sie sich nach Zweisamkeit und Geborgenheit. Zweimal unternimmt sie Versuche, Helge näherzukommen. Einmal spricht sie ihn an, ein andermal legt sie ihre Hand auf seine Hand. Beide Versuche bleiben erfolg- und wirkungslos, worunter Vera sichtlich leidet. Dies scheint vor allem an dem Verhalten von Helge zu liegen, aber auch ihre Gefühle sind gespalten. So möchte sie „gerne rübergehen, zu ihm. Aber sie weiß nicht wie.“ (Z. 18 f.). Die Stimmung der lauen Sommernacht bewegt Vera, etwas zu unternehmen. Dabei hofft sie darauf, dass ihr diese äußeren Umstände eine Hilfe sein könnten, einen Weg zu finden: „Sie schaut in den Himmel und sucht dort den Satz. Der alles ändert.“ (Z. 19 – 21). Ihre Versuche, aus der Situation etwas zu machen, bleiben aber im Ansatz stecken. Schon bei der bloßen Berührung von Helges Hand fühlt sie Widerstand und eigene Scham. Ihr Mann lässt jede Reaktion vermissen, und sie selbst hat ein schlechtes Gewissen, dass sie den körperlichen Kontakt als unangenehm empfindet. Ihren Rückzug verdeckt sie mit einer Geste, die davon nichts verraten soll, und der Arbeit in der Küche.

Hinweise

Basissatz: Nennung von Titel, Autorin, Erscheinungsjahr

indirekte Redewiedergabe im Konjunktiv

kurze Wiedergabe des Geschehens

Gliederung der Darstellung durch Zwischenüberschriften

Belege durch Einfügen von Textzitaten

Dabei verdrängt sie ihre Enttäuschung mit alltäglichen Gedanken und tröstet sich selbst damit, dass es Wichtigeres gebe als diesen Abend und die Nähe zu ihrem Partner.

Erzählerische und sprachliche Mittel

Die Geschichte wird in der 3. Person erzählt und vermittelt dabei fast ausschließlich die Sicht der Figur Vera. Dabei wird ein personales Erzählverhalten eingesetzt, bei dem die Autorin den Erzähler fast vollständig hinter die Figur zurücktreten lässt. Auf diese Weise erhalten die Leser Einblick in die Gefühle und Gedanken der Figur. Der personale Erzähler stellt Vera weitgehend positiv und mit Verständnis dar, an manchen Stellen zeigt sich aber auch eine gewisse ironische Distanz ihr gegenüber, etwa wenn es heißt, dass Vera weder eine Antwort noch eine Frage habe zu diesem Abend mit seinen Möglichkeiten.

Der Text ist zwar Teil eines Romans, zeigt aber Gestaltungsmerkmale einer kurzen Erzählung mit unmittelbarem Beginn und offenem Ende. Es wird ein kurzer Ausschnitt aus dem Alltag eines Paares erzählt, der aber wahrscheinlich charakteristisch ist für das Leben der Eheleute insgesamt.

Der Sprachgebrauch ist eher einfach und an der Alltagssprache orientiert. Auffallend sind einige sprachliche Bilder. So wird davon gesprochen, dass Helge „tausend Gedanken entfernt" (Z. 16 f.) sei. In der Redewendung ‚tausend Kilometer' wird die Maßangabe durch ‚Gedanken' ersetzt und macht die innere Entfernung zwischen den Figuren bei äußerer Nähe deutlich.

Der Neologismus „fleischwarm" (Z. 6), mit dem die Luft beschrieben wird, deutet auf den Bereich von Körperlichkeit, Nähe und Wärme hin. Zudem werden die Luft, die Nacht und der Himmel personifiziert, indem ihnen Absichten und Handlungen zugeschrieben werden:

– „Die Luft [...] macht im Menschen das Gefühl [...]" (Z. 5 – 7),
– „Der Himmel bleibt stumm [...]" (Z. 22 f.),
– „Der Himmel ist ein Verräter [...]" (Z. 35).

Bei der Beschreibung der widerstreitenden Empfindungen von Vera wird die Hand der Frau wie eine handelnde Figur mit einem Eigenleben beschrieben: „Nichts ist peinlicher als eine Hand, die man anfasst und die sich nicht bewegt, denkt Veras Hand, sondern nur atmet. Vor lauter Widerwillen laut atmet. Das denkt sich Veras Hand so [...]" (Z. 42 – 47). Wie sich Veras Gefühle verselbstständigen und von ihr selbst als

Gliederung der Darstellung durch Zwischenüberschriften

Erzählverhalten

Erzählhaltung

Textstruktur

Sprachgebrauch

Metonymie

Neologismus, Personifikationen

Beschreibung der sprachlichen Mittel mit Erläuterung ihrer Funktion und möglichen Bedeutung verknüpfen

‚fremd‘ erlebt werden, wird damit gut deutlich gemacht. Auch die anderen Personifizierungen zeigen, dass Vera sich nicht selbst als Handelnde mit eigener Initiative fühlt, sondern ihre Wünsche und Hoffnungen, aber eben auch Enttäuschungen nach außen verlagert und auf unpersönliche Größen (Luft, Himmel, Nacht, Hand) projiziert. Der Zwiespalt von Wunsch nach Veränderung und dem Gefühl der Lähmung bei Vera wird damit zum Ausdruck gebracht.

Zusammenfassung und Deutung
In dem vorliegenden Erzähltext wird von einem Ehepaar erzählt, das an einem warmen Sommerabend zusammen auf dem Balkon sitzt. Die Frau empfindet die entstandene Ferne zu ihrem Mann und möchte die Situation zur Änderung ihrer Beziehung nutzen. Die Versuche dazu scheitern aber an dem Verhalten des Mannes und an der Unfähigkeit der Frau, Entfremdung und Verlust der Nähe zu überwinden. Die Frau fühlt diese eigene Unfähigkeit, die sie aber zu verdrängen und auf äußere Umstände zurückzuführen sucht. Damit werden das Gefangensein in den Abläufen des Alltags und das Unvermögen, sich aus diesen durch eigene Initiative zu befreien, deutlich. Die Menschen resignieren und suchen nach Entlastung in Selbsttäuschungen.

knappe Zusammenfassung und Deutung der Ergebnisse im Sinne einer Interpretation

INFO zur Erzähltextanalyse

Bei der Beschreibung der Erzählweise sind folgende Unterscheidungen zu beachten. Zunächst ist es sinnvoll, zwischen den Verfassern, also den Autoren und Autorinnen, und der Erzählinstanz im Erzähltext zu unterscheiden. Dieser Erzähler kann sich neutral verhalten und das Geschehen distanziert und unkommentiert wiedergeben; er kann sich auktorial verhalten und von einem allwissenden Standort aus das Geschehen kommentieren und reflektieren; oder er kann sich personal verhalten und sich ganz auf die Wahrnehmung einer Figur konzentrieren. Gegenüber den Figuren und ihren Handlungen nimmt der Erzähler eine bestimmte Haltung ein (Sympathie, Distanz, Ironie, Kritik, ...). Man unterscheidet für den Erzähler also Erzählverhalten und Erzählhaltung (vgl. auch S. 33).

Helga M. Novak: Schlittenfahren

Aufgabenstellung

Analysieren Sie den Text, indem Sie

- das Thema des Textes formulieren, die Ausgangssituation beschreiben und das dargestellte Geschehen wiedergeben,
- den Aufbau der Handlung beschreiben,
- die Figurendarstellung und die Entwicklung des Handlungsortes analysieren,
- die erzählerischen und sprachlichen Mittel untersuchen,
- die Textintention unter Berücksichtigung der erzählerischen und sprachlichen Mittel herausarbeiten.

Materialgrundlage

Helga M. Novak: Aufenthalt in einem irren Haus. Gesammelte Prosa. © Schöffling & Co. Verlagsbuchhandlung GmbH, Frankfurt a. M. 1995, S. 82/83.

Schlittenfahren *Helga M. Novak (*1935)*

Das Eigenheim steht in einem Garten. Der Garten ist groß. Durch den Garten fließt ein Bach. Im Garten stehen zwei Kinder. Das eine der Kinder kann noch nicht sprechen. Das andere Kind ist größer. Sie sitzen auf einem Schlitten. Das kleine Kind weint. Das größere sagt, gib den Schlitten her. Das kleinere weint. Es schreit.

Aus dem Haus tritt ein Mann. Er sagt, wer brüllt, kommt rein. Er geht in das Haus zurück. Die Tür fällt hinter ihm zu.

Das kleinere Kind schreit.

Der Mann erscheint wieder in der Haustür. Er sagt, komm rein. Na wird's bald. Du kommst rein. Nix. Wer brüllt, kommt rein. Komm rein.

Der Mann geht hinein. Die Tür klappt.

Das kleinere Kind hält die Schnur des Schlittens fest. Es schluchzt.

Der Mann öffnet die Haustür. Er sagt, du darfst Schlitten fahren, aber nicht brüllen. Wer brüllt, kommt rein. Ja. Ja. Jaaa. Schluss jetzt.

Das größere Kind sagt, Andreas will immer fahren.

Der Mann sagt, wer brüllt, kommt rein. Ob er nun Andreas heißt oder sonst wie.

Er macht die Tür zu.

Das größere Kind nimmt dem kleineren den Schlitten weg.

Das kleinere Kind schluchzt, quietscht, jault, quengelt.

Der Mann tritt aus dem Haus. Das größere Kind gibt dem kleineren den Schlitten zurück. Das kleinere Kind setzt sich auf den Schlitten. Es rodelt.

Der Mann sieht in den Himmel. Der Himmel ist blau. Die Sonne ist groß und rot. Es ist kalt.

Der Mann pfeift laut. Er geht wieder ins Haus zurück. Er macht die Tür hinter sich zu.

Das größere Kind ruft, Vati, Vati, Vati, Andreas gibt den Schlitten nicht mehr her.

Die Haustür geht auf. Der Mann steckt den Kopf heraus. Er sagt, wer brüllt, kommt rein. Die Tür geht zu.

Das größere Kind ruft, Vati, Vativativati, Vaaatiii, jetzt ist Andreas in den Bach gefallen.

Die Tür öffnet sich einen Spalt breit. Eine Männerstimme ruft, wie oft soll ich das noch sagen, wer brüllt, kommt rein.

Beispiellösung

In der 1968 veröffentlichten Kurzgeschichte „Schlittenfahren" von Helga M. Novak wird im Kontext einer Alltagssituation (Schlittenfahren) das Desinteresse eines Vaters an seinen beiden Kindern dargestellt. Der Vater achtet nicht auf Äußerungen des größeren Kindes bzw. die Körpersprache des kleineren Kindes, sondern möchte nur seine Ruhe haben.
Der Erzähler berichtet zunächst davon, dass zur Winterzeit zwei unterschiedlich alte Kinder im Garten eines Eigenheims mit einem Schlitten spielen. Als es dabei zum Streit kommt, tritt der Vater kurz aus der Tür und fordert sie auf, nicht zu brüllen, da sie sonst hereinkommen müssten. Dieser Vorgang wiederholt sich mehrfach, bis Andreas, das kleinere Kind, beim Rodeln in einen Bach fällt. Das größere Kind ruft zwar den Vater zur Hilfe, doch der reagiert nicht, sondern wiederholt nur seine vorherige Drohung.
Der nur 45 Zeilen umfassende Texte lässt sich dennoch in 7 Abschnitte gliedern, wenn man im Anschluss an die sehr kurze Einleitung (Z. 1–9) das wiederholte Erscheinen des Vaters vor bzw. in der Tür des Eigenheims zum Prinzip der Gliederung macht:

Z. 10–13: Der Vater tritt zum ersten Mal aus dem Haus, als das kleine Kind weint, und droht den Kindern, dass sie hereinkommen müssten, wenn sie nicht ruhig seien.

Z. 14–20 Als das kleinere schreit, erscheint der Vater zum zweiten Mal in der Haustür und wiederholt seine Drohung.

Z. 21–32 Da das kleine Kind immer noch schluchzt (Z. 22), öffnet der Vater erneut die Haustür, um in einem kurzen Gespräch seine Drohung zweimal zu wiederholen.

Z. 33–46 Der Vater tritt erneut aus dem Haus, als das kleinere Kind „schluchzt", „quietscht", „jault" und „quengelt", weil das größere Kind ihm den Schlitten weggenommen hat. Ohne seine bis dahin stereotype Drohung zu wiederholen, kehrt der Vater ins Haus zurück, als das größere Kind den Schlitten zurückgibt.

Hinweise

Einleitungssatz (Titel, Textsorte, Autorin, Erscheinungsjahr)
Thema

Darstellung der Ausgangssituation und Inhaltsangabe (Präsens)
Wiedergabe von indirekter Rede im Konjunktiv

Aufbau der Handlung

Prinzip der Gliederung

Übersicht über Abschnitte der Gliederung

Z. 47–52 Lediglich der Kopf des Vaters erscheint in der Tür, als das größere Kind sich laut beklagt, dass Andreas, das kleinere Kind, den Schlitten nicht mehr abgebe. Er spricht die bereits mehrfach verwendete Drohung erneut aus und schließt sofort wieder die Tür.

Z. 53–58 Obwohl das größere Kind den Vater eindringlich ruft, öffnet dieser die Tür nur noch einen Spalt breit, um verärgert seine Drohung zu rufen.

Textsorte/offener Anfang

Typisch für eine Kurzgeschichte ist der unmittelbare Einstieg in das Geschehen. Von einer Einleitung im eigentlichen Sinne kann nicht gesprochen werden, da die Antworten auf die wichtigen W-Fragen (Wer? Wann? Wo?) auf das zum Verständnis Notwendigste beschränkt sind. Im Stil einer Aufzählung werden in knappen, parataktischen Sätzen grundlegende Informationen zu den Personen, zum Handlungsort und zur Zeit gegeben (vgl. 1–9). Weder die drei handelnden Personen, noch das Eigenheim oder der Garten, in dem die Kinder Schlitten fahren, werden zu Beginn des Textes bzw. im Nachhinein genauer beschrieben. Lediglich der Himmel, die Sonne und die Temperatur werden in der zweiten Texthälfte durch die Eigenschaften „blau", „groß und rot", „kalt" (vgl. Z. 42 f. etwas präziser bezeichnet.

Beschränkung auf das unbedingt Notwendige

Figurendarstellung

Im Text ist nur von drei Personen die Rede, wobei lediglich das kleinere Kind etwas Individualität durch die Nennung des Namens „Andreas" (Z. 27, 30, 48, 54) besitzt. Die beiden anderen agierenden Figuren werden unpersönlich durch Rollenbezeichnungen (Mann/Vater, größeres Kind) gekennzeichnet, so dass man nicht einmal erfährt, ob es sich bei dem größeren Kind um einen Jungen oder ein Mädchen handelt. Erst gegen Ende des Textes wird durch die Rufe des größeren Kindes (vgl. Z. 47 f. und Z. 53 f.) für die Leser die Vermutung bestätigt, dass es sich bei dem „Mann" um den Vater der beiden Kinder handelt. Von weiteren Personen (z. B. der Mutter) ist nicht die Rede. Da der Erzähler bis auf die Größenangaben „klein/kleiner" und „größer" den handelnden Figuren keine weiteren Attribute zuweist, erhält der in der Einleitung gegebene Hinweis darauf, dass das kleinere Kind noch nicht sprechen kann, besondere Bedeutung (vgl. Z. 4 f.). Andreas ist den beiden anderen unterlegen, da er wahrscheinlich die mehrfach wiederholte Drohung des Vaters noch gar nicht versteht und sich gegen das größere Kind nur durch Unmutslaute wehren kann.

Andeutungen zu den Beziehungsverhältnissen

Bereits durch die Gliederung des Textes wird deutlich, dass der Aktionsradius des Vaters bei seinem sechsmaligen Erscheinen zunehmend auf den Bereich der Haustür beschränkt ist. Während anfangs noch die Rede davon ist, dass der Mann aus dem Haus tritt (vgl. Z. 10 und Z. 37), zieht er sich später immer mehr ins Haus zurück, indem er nur noch den Kopf aus der Tür streckt bzw. durch den Türspalt ruft, um seine Drohung auszusprechen. Verstärkt wird dieser Eindruck des kontinuierlichen Rückzugs noch dadurch, dass in den beiden letzten Abschnitten das Öffnen der Tür nicht mehr als Aktivität des Mannes beschrieben wird, sondern die Tür personifiziert wird, wenn es heißt „Die Haustür geht auf." (Z. 50) bzw. „Die Tür öffnet sich einen Spalt breit." (Z. 56).

Bezug zur Gliederung

Wie eingangs bereits angedeutet, offenbart der Vater von Anfang an durch sein Sprechen und Handeln ein deutliches Desinteresse gegenüber dem, was seine Kinder im Garten tun. Die Kommunikation zwischen ihm und den Kindern scheint gestört, denn stereotyp wiederholt er die Drohung „Wer brüllt, kommt rein!" (Z. 11, Z. 17 f., Z. 25, Z. 29 f., Z. 51 f. und Z. 58), ohne auf den Konflikt der Kinder wirklich einzugehen. Seine Äußerungen bleiben daher ohne Konsequenzen. Durch seine Körpersprache gibt der Vater klar zu erkennen, dass er eigentlich kein Interesse hat, zu einer Lösung des Problems beizutragen, sondern seine Ruhe haben will. Während er anfangs noch vor die Tür tritt, um die Kinder zu ermahnen (vgl. Z. 10 und 37), steckt er später nur noch den Kopf heraus (vgl. Z. 50 f.) bzw. ruft durch den geöffneten Türspalt (vgl. Z. 56). Unterstützt wird der Eindruck der emotionalen Distanz noch dadurch, dass der Erzähler – mit Ausnahme der letzten Stelle (vgl. Z. 57) – die wiederholte Drohung des Vaters mit der sehr neutralen Formulierung „er sagt" einleitet. Obwohl der Gesprächsanteil des Vaters insgesamt am höchsten ist, trägt er auf diese Weise nichts zur Konfliktlösung bei, zumal zu erkennen ist, dass er nicht richtig zuhört und die Situation gar nicht erfasst. So interessiert er sich in dieser angespannten Situation eher für den Himmel, die Sonne und die Temperatur (vgl. Z. 41 ff.) und pfeift lauft, als er wieder ins Haus geht (vgl. Z. 44). Noch deutlicher äußert sich dieses Desinteresse bzw. die fehlende Anteilnahme darin, dass er gar nicht reagiert, als das ältere Kind ihn zur Hilfe ruft, weil das kleine Kind beim Rodeln wohl in den Bach gefallen ist (vgl. Z. 53 ff.).

Bezugnahme auf die Einleitung

Kommunikation

Bezug zur Gliederung des Textes

Wortwahl

Hinweis auf den Gesprächsanteil

Die kurzen Sätze und der damit verbundene fast völlige Verzicht auf beschreibende Adjektive fördern den Eindruck

Berücksichtigung der sprachlichen Mittel

emotionaler Distanz aufseiten des Vaters in der dargestellten Situation. Die Aussage „Es ist kalt“ (Z. 43) bezieht sich daher nicht nur auf die herrschende Temperatur im winterlichen Garten, sondern verweist ebenfalls auf die seelische Kälte.

Doppeldeutigkeit der sprachlichen Aussage

Aber auch zwischen den Kindern ist die Kommunikation in gewisser Weise gestört, da Andreas noch gar nicht sprechen kann (vgl. Z. 4 f.). Um sich zu artikulieren und sich gegenüber dem älteren Kind zu behaupten, reagiert er mit nonverbalen Zeichen, indem er „weint“ (Z. 7 und Z. 8), „schluchzt“, „quietscht“, „jault“ und „quengelt“ (Z. 35 f.).

Anknüpfung an den Anfang der Analyse

Der für eine Kurzgeschichte typische offene Schluss klärt nicht, welche kurzfristigen bzw. langfristigen Konsequenzen das mangelnde Interesse des Vaters an den Kindern hat. Der Leser erfährt am Ende nicht, was Andreas genau passiert, als er in den Bach fällt, und er erfährt auch nicht, ob der Vater sich nur in dieser Situation oder immer gegenüber seinen Kindern so gleichgültig verhält.

offener Schluss

Zusammenfassend lässt sich feststellen, dass die Kurzgeschichte ihre Wirkung nicht durch die ausführliche Schilderung eines besonderes Einzelschicksals erreicht, sondern durch die vordergründige Banalität der dargestellten Alltagssituation sowie die Technik der Aussparung und Andeutung. Das Erzählte wird auf diese Weise als ein Problem des alltäglichen Zusammenlebens verallgemeinert. Gerade dadurch, dass der auktoriale Erzähler zudem auf jegliche Kommentierung verzichtet, wird der Leser zu einer intensiven Reflexion der problematischen Vater-Kind-Beziehung herausgefordert. Seine Wirkung erreicht der Text in besonderer Weise dadurch, dass der deutlich wahrnehmbare Rückzug des Vaters ins Innere des Hauses im direkten Widerspruch zum ansteigenden Konflikt- und Gefahrenpotenzial steht.

kurze Zusammenfassung der zentralen Ergebnisse

Peter Stamm: Die ganze Nacht

Aufgabenstellung

Analysieren Sie den Text, indem Sie
- das Thema des Textes formulieren, die Ausgangssituation beschreiben und das dargestellte Geschehen wiedergeben,
- den Aufbau der Handlung und die Figurendarstellung untersuchen,
- die Textintention unter Berücksichtigung der erzählerischen Mittel herausarbeiten,
- die Ergebnisse der Analyse im Hinblick auf die Leserwirkung zusammenfassen.

Materialgrundlage

Peter Stamm: Die ganze Nacht. Aus: In fremden Gärten. München 2003.

Die ganze Nacht *Peter Stamm*

Am späten Nachmittag hatte es angefangen zu schneien. Er war froh, dass er sich den Tag freigenommen hatte. Der Schnee fiel sofort so dicht, dass er nach einer halben Stunde schon die Straßen bedeckte. Vor dem Haus sah er den Hausmeister den Gehweg kehren. Er trug eine Kapuze und führte auf einer dunklen Insel einen vergeblichen Kampf gegen den stetig fallenden Schnee.

Es war gut, dass er diesmal nicht zum Flughafen gefahren war, um sie abzuholen. Das letzte Mal hatte er ihr Blumen aus dem Automaten gekauft und sie dazu überredet, die lange Fahrt nach Manhattan mit der U-Bahn zu machen. Als sie dann vor einigen Tagen telefoniert hatten, meinte sie, es sei nicht nötig, dass er sie abhole, sie werde ein Taxi nehmen.

Er stand am Fenster und schaute hinaus. Selbst wenn der Flug pünktlich war, würde sie frühestens in einer halben Stunde hier sein. Aber er war jetzt schon unruhig. Er verwarf Sätze, die er sich in den vergangenen Wochen zurechtgelegt und sich immer wieder vorgesagt hatte. Er wusste, dass sie eine Erklärung verlangen würde, und wusste, dass er keine hatte. Er hatte nie Erklärungen gehabt, aber er war sich immer sicher gewesen.

Eine Stunde später stand er wieder am Fenster. Es schneite noch immer, heftiger als zuvor, es war ein richtiger Schneesturm. Der Hausmeister hatte seinen Kampf aufgegeben. Alles war jetzt weiß, selbst die Luft schien weiß zu sein vom hellen Grau der einsetzenden Dämmerung, das kaum zu unterscheiden war vom Weiß des fallenden Schnees. Die Autos fuhren langsam und mit großer Behutsamkeit. Die wenigen Fußgänger, die noch draußen waren, stemmten sich gegen den Wind.

Er schaltete den Fernseher ein. Auf allen lokalen Kanälen war vom Sturm die Rede und es war seltsam, dass man ihm schon einen Namen gegeben hatte, den alle Stationen kannten. In den Außenbezirken, hieß es, sei das Chaos noch größer als in der Innenstadt, und von der Küste kamen Meldungen über Hochwasser. Aber die Moderatoren, die man hinausgeschickt hatte und die, dick angezogen, in Mikrophone mit groteskem Windschutz sprachen, waren guter Laune und warfen Schneebälle in die Luft und wurden nur ernst, wenn sie

Sach- oder Personenschäden zu berichten hatten.

Er rief die Fluggesellschaft an. Der Flug, sagte man ihm, sei wegen des Schneesturms nach Boston umgeleitet worden. Kaum hatte er aufgelegt, klingelte das Telefon. Sie rief aus Boston an, sagte, sie müsse gleich weiter, es gäbe Gerüchte, dass der Kennedy Airport wieder offen sei. Vielleicht müssten sie aber auch in Boston übernachten. Sie sagte, sie freue sich auf ihn, und er sagte, sie solle auf sich aufpassen. Sie sagte, bis später, und legte sofort auf.

Draußen war es dunkel geworden. Der Schnee fiel unaufhörlich, er fiel und fiel, und außer einigen Taxis, die im Schritttempo fuhren, waren keine Autos mehr zu sehen. Er hatte mit ihr essen gehen wollen, jetzt hatte er Hunger. Im Kühlschrank gab es nur ein Paar Dosen Bier, im Gefrierfach eine Flasche Wodka und Eiswürfel. Er dachte, dass er etwas einkaufen sollte. Sie würde bestimmt hungrig sein nach der langen Reise. Er zog seinen warmen Mantel an und Gummistiefel. Er hatte keine anderen hohen Schuhe, die Stiefel hatte er kaum je getragen. Er nahm einen Schirm und ging nach draußen.

Der Schnee lag hoch, aber er war nicht schwer und ließ sich mit den Beinen leicht beiseite pflügen. Alle Geschäfte waren geschlossen, nur in wenigen hatte sich das Personal die Mühe gemacht, auf einem improvisierten Schild den Grund für den frühen Ladenschluss zu nennen.

Er ging quer durch die Stadt. Die Lexington Avenue war schneebedeckt, auf der Park Avenue sah er in einiger Entfernung die orangefarbenen Blinklichter der Schneepflüge, die in einem Konvoi die Straße heraufkamen. Die Madison und die Fifth Avenue waren irgendwann geräumt worden, aber sie waren schon wieder weiß. Hier musste er über hohe Schneewälle steigen. Er sank ein, und der Schnee drang in seine Stiefel.

Über den Times Square lief ein Langläufer. Die Leuchtreklamen blinkten, als sei nichts geschehen. Die farbigen Bewegungen hatten etwas Gespenstisches in der großen Stille. Er ging weiter, den Broadway hinauf. Kurz vor dem Columbus Circle sah er die beleuchteten Fenster eines Coffee Shops. Er war schon früher dort eingekehrt, der Geschäftsführer und die Kellner waren Griechen, und das Essen war gut.

Im Lokal waren nur wenige Gäste. Die meisten saßen alleine an einem Tisch an der Glasfront, die bis zum Boden reichte, tranken Kaffee oder Bier und schauten hinaus. Die Stimmung war festlich, niemand sprach, es war, als seien sie alle Zeugen eines Wunders.

Er setzte sich an einen Tisch und bestellte ein Bier und ein Club Sandwich. Der Schnee in seinen Stiefeln begann zu schmelzen. Als der Kellner das Bier brachte, fragte er ihn, weshalb das Lokal noch offen sei. Sie hätten nicht mit so viel Schnee gerechnet, sagte der Kellner, und jetzt sei es zu spät. Die meisten von ihnen wohnten in Queens, und dort hinauszukommen sei im Moment unmöglich. Da könnten sie das Lokal ebenso gut offenlassen. „Vielleicht die ganze Nacht", sagte der Kellner und lachte.

Der Weg zurück schien leichter zu sein, obwohl es immer noch schneite. Er hatte sich ein Sandwich für sie einpacken lassen und gemerkt, dass er nicht wusste, was sie mochte. Er hatte eins mit Schinken und Käse genommen. Keine Mayonnaise, keine Pickles[1], das wusste er noch.

Sie hatte ihm eine Nachricht hinterlassen, auf dem Anrufbeantworter. Einen Flug hatte es nicht gegeben, jetzt sei Boston auch zu. Man bringe sie zum Bahnhof, von dort solle es einen Zug geben. Sie werde, wenn alles gutgehe, in vier Stunden in Manhattan sein. Der Anruf war vor einer Stunde gekommen.

Er schaltete wieder den Fernseher ein. Ein Mann stand vor einer Karte und erklärte, dass der Sturm entlang der Küste nach Norden ziehe, er habe inzwischen Boston erreicht. In New York sei das Schlimmste vorüber, sagte der Mann und lächelte, aber es werde wohl noch die ganze Nacht schneien.

Er schaltete den Fernseher aus und trat wieder ans Fenster. Er dachte nicht mehr an seine Sätze, schaute nur noch hinaus auf die Straße. Er löschte das Deckenlicht und machte die Schreibtischlampe an. Dann kochte er Tee, setzte sich aufs Sofa und las. Um Mitternacht ging er zu Bett.

Als es klingelte, war es drei Uhr. Bevor er an der Tür war, klingelte es wieder. Er drückte auf den Türöffner und wartete einen Augenblick. Dann trat er, obwohl er nur in Shorts und T-Shirt war, hinaus auf den Flur und ging zum Aufzug. Es schien eine Ewigkeit zu dauern. Natürlich wusste er, dass sie es war, aber er war doch erstaunt, als die Tür des Aufzugs sich öffnete und er sie vor sich stehen sah. Sie stand einfach nur da, neben ihrem großen roten Koffer, und wartete. Er trat auf sie zu. Als er sie küssen wollte, umarmte sie ihn. Die Tür des Aufzugs schloss sich in seinem Rücken. Sie sagte: „Ich bin so unglaublich müde." Er drückte auf den Knopf, und die Tür öffnete sich wieder.

Sie teilten sich das Sandwich, und sie erzählte, wie der Zug auf halber Strecke im Schnee stecken geblieben sei, wie er Stunden so gestanden habe, bis endlich ein Pflug das Gleis freiräumte.

„Natürlich hat niemand etwas gewusst", sagte sie. „Ich hatte Angst, dass wir die ganze Nacht stehen würden. Wenigstens habe ich warme Kleider dabei." Er fragte, ob es immer noch schneie, schaute dann hinaus in die Nacht und sah, dass es fast aufgehört hatte.

„Das Taxi hat mich an der Lexington ausgeladen", sagte sie. „Es konnte nicht in die Straße rein. Ich habe dem Fahrer zwanzig Dollar gegeben und gesagt, bringen sie mich hin, egal wie. Er hat den Koffer zu Fuß hinterher geschleppt. Ein kleiner Pakistani. Ein netter Mann."

Sie lachte. Sie hatten Wodka getrunken, und er schenkte noch einmal ein.

„Und?", sagte sie. „Was ist denn so Dringendes, worüber du mit mir sprechen willst?"

„Ich liebe den Schnee", sagte er.

Er stand auf und trat ans Fenster. Der Schnee fiel nur noch in kleinen Flocken, die vom Himmel schwebten, manchmal aufstiegen, als seien sie leichter als Luft, und wieder sanken und im Weiß der Straße untergingen. „Ist es nicht wunderschön?"

Er schaute sie lange an, wie sie dasaß und an ihrem Wodka nippte. Er sagte: „Ich bin froh, dass du da bist."

Anmerkung

1 Pickles: in Essig eingelegtes und gewürztes Gemüse

Beispiellösung

In Peter Stamms Erzählung „Eine ganze Nacht“, die 2003 in dem Sammelband „In fremden Gärten“ veröffentlicht wurde, wird dargestellt, wie ein Mann, der sich anscheinend vorgenommen hat, seiner Partnerin bei deren bevorstehendem Besuch das Ende der Beziehung mitzuteilen, seine Meinung im Verlauf einer Nacht ändert.

Am späten Nachmittag eines Wintertages steht der Mann am Fenster seiner Wohnung im New Yorker Stadtteil Manhattan und beobachtet den einsetzenden Schneefall. Wegen des stärker werdenden Schneefalls ist er froh, diesmal nicht zum Flughafen gefahren zu sein, um die Frau, auf deren Besuch er wartet, dort abzuholen. Innerlich angespannt und unruhig denkt er an das, was er sich vorgenommen hat, ihr zu sagen. Da der Mann erfährt, dass seine Partnerin wegen des Schneesturms – wenn überhaupt – erst am frühen Morgen eintreffen wird, legt er sich gegen Mitternacht ins Bett, nachdem er in einem trotz des Unwetters geöffneten Coffee Shop ein Sandwich für sie zum Essen gekauft hat.

Um 3 Uhr morgens trifft die Frau in seiner Wohnung ein. Nach einer ihrerseits etwas zurückhaltenden Begrüßung im Flur teilen sich die beiden das Sandwich und unterhalten sich über die schwierige Fahrt mit dem Zug bzw. mit dem Taxi vom Flughafen in Boston nach Manhattan. Als die Frau ihn fragt, worüber er denn so dringend mit ihr sprechen wolle, weicht er aus, kommentiert am Fenster stehend den nachlassenden Schneefall und sagt ihr, dass er sich freue, dass sie da sei.

Der Aufbau der Erzählung orientiert sich an der Chronologie des dargestellten Geschehens. Die erzählte Zeit erstreckt sich vom späten Nachmittag eines Wintertages (vgl. Z. 1) bis zum frühen Morgen des folgenden Tages (vgl. Z. 171). Etwa zwei Drittel des Textes (bis Z. 170) beschreiben die Beobachtungen zum aufkommenden Schneesturm, die Gedanken und unterschiedlichen Aktivitäten des Mannes beim Warten auf die Frau. Das letzte Drittel des Textes (Z. 171–223) befasst sich mit der Interaktion des Paares unmittelbar nach der Ankunft der Frau am frühen Morgen.

Über die charakteristisch kurze Textlänge hinaus weist die Erzählung mit dem direkten Einstieg (Beginn eines Schneesturms), dem offenen Schluss (abruptes Ende eines wichtigen Gesprächs), der Schilderung einer Alltagssituation sowie der alltagnahen Figurensprache deutliche Merkmale einer Kurzgeschichte auf.

Hinweise

Einleitungssatz (Titel, Textsorte, Autor, Erscheinungsjahr, Thema)

Inhaltsangabe

indirekte Rede

Gliederung orientiert an der zeitlichen Chronologie

Merkmale einer Kurzgeschichte

Vor allem die starke Verknappung der Informationen zu den beiden zentralen Figuren des Textes führt zu Unsicherheiten bei der Bestimmung des Themas. Weder die Namen noch das Alter werden genannt und der Status ihrer Beziehung kann nur aus einzelnen Hinweisen erschlossen werden. Dafür, dass es sich trotz unterschiedlicher Wohnorte bei den beiden um ein Paar handelt, spricht zum Beispiel, dass diese Art der Begegnung des Öfteren stattfindet, der Mann die Frau sonst am Flughafen abholt und ihr Blumen mitbringt (vgl. Z. 11 ff.), dass er zumindest weiß, was sie gar nicht isst (vgl. Z. 145 f.), und er sie beim Eintreffen küssen will (vgl. Z. 183 f.). Doch trotz dieser Andeutungen bleiben viele Fragen offen: Warum wohnen die beide nicht zusammen? Wie oft treffen sie sich und wie intensiv ist ihre Beziehung? Warum möchte sich der Mann offenbar von der Frau trennen? Der Mann ist unruhig und angespannt, weil er sich vorgenommen hat, der Frau bei diesem Besuch etwas zu sagen, das so wichtig ist, dass es nach Begründungen verlangt (vgl. Z. 28 ff.). Die Frage der Frau „Was ist denn so Dringendes, worüber du mit mir sprechen willst?“ (Z. 210 ff.) sowie die Tatsache, dass sie schon bei der Begrüßung seinem Versuch, sie zu küssen, ausweicht (vgl. Z. 183 f.), legen es nahe, dass die Beendigung der Beziehung Thema des Gesprächs sein könnte. Das „Und?“, das die Frau provokant der oben zitierten Frage voranstellt, deutet zudem darauf hin, dass nicht nur die Leser, sondern auch sie damit rechnet.

Aussparungen, Verknappung von Informationen

Figurendarstellung

Andeutungen/offene Fragen

Umso überraschender ist die plötzliche Wende, als der Mann der zu erwartenden Antwort ausweicht, indem er zum Fenster geht, auf die Schönheit des deutlich verlangsamten Schneefalls hinweist (vgl. Z. 214 ff.) und ihr sagt, dass er sich freue, dass sie da sei (vgl. Z. 223).

Überraschende Wende

Deutlich wird, dass die Veränderung des Wetters diese Wende widerspiegelt. Während anfangs der Schneefall heftiger wird, sich zum Schneesturm (vgl. Z. 46 und Z. 63) entwickelt und Chaos (vgl. Z. 50) verbreitet, ist am Ende nur noch von kleinen Flocken die Rede, die vom Himmel schweben (vgl. Z. 214 ff.). Im Verlauf der ganzen Nacht, die in der Überschrift angesprochen wird, scheint sich nicht nur die Wahrnehmung des Mannes in Bezug auf den Schneefall, sondern auch in Bezug auf die Frau und ihre gemeinsame Beziehung geändert zu haben.

Schneefall als Spiegel der inneren Befindlichkeit

Bezug zur Überschrift

Zusammenfassend lässt sich sagen, dass die Erzählung durch den unmittelbaren Einstieg, die Verknappung von Informationen und dem geschickten Spiel mit Andeutungen eine

Zusammenfassung/ Wirkung auf die Leser

Spannung aufbaut, die durch die überraschende Wende am Ende des Textes ihren Höhepunkt erreicht. Eine Spannung, die für die Leser durch den offenen Schluss nur bedingt aufgelöst wird und deshalb dazu anregt, Antworten auf die nach wie vor offenen Fragen zu finden. Bei entsprechenden Reflexionen wird sicherlich die Frage im Vordergrund stehen, welche Gründe zum Entschluss des Mannes geführt haben und warum er schließlich seine Meinung ändert.

Max von der Grün: Kinder sind immer Erben

Aufgabenstellung

Analysieren Sie den Text, indem Sie
- eine Einleitung formulieren und das erzählte Geschehen in eigenen Worten wiedergeben,
- die verschiedenen Sichtweisen und Beweggründe des Ich-Erzählers und seiner Frau erläutern,
- die Erzählweise des Textes untersuchen,
- zu dem erzählten Verhalten des Ich-Erzählers und seiner Frau Stellung nehmen.

Materialgrundlage

Max von der Grün: Kinder sind immer Erben. Aus: Max von der Grün, Fahrunterbrechung und andere Erzählungen, Europäische Verlagsanstalt, Frankfurt am Main 1965, S. 38–42.

Kinder sind immer Erben *Max von der Grün (*1926)*

Bisher glaubte ich, Mörder müsse man an ihren Händen erkennen, Massenmörder an ihren Augen. Ich weiß nicht, warum ich das glaubte, wahrscheinlich hatte sich aus den Kindertagen diese Annahme in mir festgesetzt.

Mein Nachbar hatte die schönsten Augen, die ich je sah, und meine Frau, die gern in Bildern spricht, nannte seine Augen weinende Aquamarine; seine Hände waren so schmal und wohlgepflegt, daß sie behüteten Frauenhänden glichen.

Dann wurde mein Nachbar verhaftet. Meine Frau und ich sahen an einem Sonntagvormittag zwei grüne Autos vorfahren, Uniformierte und Zivilisten führten meinen Nachbarn aus dem Haus in einen der grünen Wagen. Das ganze Stadtviertel wußte am Abend davon.

Am Montag darauf lasen wir in der Zeitung, der Verhaftete werde beschuldigt, an der Ermordung von 200 Geiseln in einem mährischen Dorf im Jahre einundvierzig beteiligt gewesen zu sein.

Nein, sagte meine Frau. Nein! Nie! Nicht dieser Mann!

Ich wollte es auch nicht glauben. Ich war sprachlos geworden und beschimpfte stumm die Zeitungsleute als Schmutzfinken. Dieser Mann? Er und seine Frau spielten jede Woche einmal bei uns Doppelkopf, wir zechten und waren fröhlich und fuhren manchmal übers Wochenende vor die Stadt in den Wald. Manchmal sprachen wir auch über Politik, und er konnte sich über alles maßlos erregen, was auch nur den geringsten Anruch von Gewalt hatte. Waren wir bei ihnen eingeladen, konnten wir uns aufmerksamere Gastgeber nicht wünschen.

Vor drei Jahren hatte sich mein Nachbar ein Auto gekauft, seitdem nahm er mich in die Stadt zur Arbeit mit, morgens und abends fuhr er einen Umweg von einem Kilometer durch die belebtesten Straßen der Stadt, nur damit ich nicht der Unannehmlichkeit ausgesetzt war, mit der Straßenbahn zu fahren. Ich hätte morgens eine halbe Stunde früher aufstehen müssen, abends wäre ich eine Stunde später nach Hause gekommen.

Und dieser Mann, mit den Augen wie weinende Aquamarine, soll nun ein Massenmörder sein?

Aber, sagte meine Frau hilflos, er lebte doch nicht unter falschem Namen. Er lebte wie wir, er hat gearbeitet, schwer geschuftet für seine Familie. Er war doch ein herzensguter Mann. Und hast du mal gehört, wie er mit seinen Kindern sprach? Spricht so ein Mann, der so sein soll, wie jetzt in der Zeitung steht? Nein, nein, so könntest du nie mit unseren Kindern sprechen. Er vergötterte seine Kinder.

Eine Antwort konnte ich ihr nicht geben, ich dachte all die Tage hindurch nur an unser wöchentliches Doppelkopfspiel und an die Geiseln in dem kleinen mährischen Dorf. Frauen sollen dabei gewesen sein und Kinder, und sie wurden von Maschinengewehren so kunstgerecht umgemäht, daß sie sofort in die lange, von ihnen selbst ausgehobene Grube fielen. Das soll die Erfindung meines Nachbarn gewesen sein, er habe damals, so hieß es, sogar einen Orden dafür bekommen.

Mein Gott, sagte meine Frau immer wieder, mein Gott! Die Frau, und die Kinder. Mein Gott, die Kinder! Die Kinder!

Dort in Mähren sollen auch Kinder dabei gewesen sein, sagte ich heftiger, als ich wollte.

Vielleicht lügen die Zeitungen, sagte sie später, und alles ist nur Erfindung oder eine Namensverwechslung. Er hat doch frei unter uns gelebt ... er hätte doch untertauchen können ... ja ... wie so viele ... verschwinden ... daß ihn keiner findet ...

Ich sah an den Samstagen, wenn ich zu Hause war, unsere Nachbarin ihre Kinder zur Schule bringen, zum Schutz, denn die anderen Kinder unserer Straße riefen die ihren Mörderkinder.

Wir sollten sie besuchen, sagte an einem Abend meine Frau. Wir waren nicht mehr bei ihr, seit ihr Mann verhaftet ist. Bist du verrückt? Das können wir nicht. Denk an meine Stellung. Wenn uns jemand sieht, dann heißt es womöglich noch, wir hätten davon gewußt, und wir werden auch vor Gericht gezerrt.

Aber, rief meine Frau, und die Tränen schossen ihr in die Augen, die Frau kann doch nichts dafür. Und dann: Die Kinder! Die Kinder!

Vielleicht hat die Frau alles gewußt! rief ich ungehalten.

Na und? Soll sie hingehen und ihren eigenen Mann anzeigen? Würdest du mich anzeigen? Würde ich dich anzeigen? Sag schon, so sag schon! Du stellst dir alles so leicht vor.

Mord bleibt Mord, sagte ich. Am nächsten Morgen ging ich an den Kindern des Verhafteten vorbei, als hätte ich sie nie gesehen. Sie riefen hinter mir her: Onkel Karl ... Onkel Karl ... Dann kam der Prozeß. Das Verbrechen war noch schrecklicher, als wir geglaubt hatten. Es stellte sich heraus, daß die Frau, zumindest in groben Zügen, von der Vergangenheit ihres Mannes wußte. Sie konnte ihre Aussage verweigern, aber sie sagte aus. Am Ende ihrer Aussage fragte sie der Richter, warum sie all die Jahre geschwiegen habe. Sie weinte, als sie sagte: Was sollte ich tun? Was nur? Was? Er ist doch ...

Aus den Zeitungen erfuhren wir das alles, obwohl das Gerichtsgebäude nur tausend Meter von unserer Wohnung entfernt lag.

So, da hast du nun die ganze Wahrheit, sagte ich zu meiner Frau nach dem Urteil, fünfzehn Jahre Zuchthaus.

Die ganze Wahrheit? fragte sie leise.

Die ganze Wahrheit! schrie ich ihr ins Gesicht.

Und die Kinder? fragte sie nach einer Weile, und dann: Wenn du nun dieser Mann wärst?

Ich bin aber nicht dieser Mann, verstehst du? Ich bin nicht dieser Mann! Ich bin es nicht!

Nein, du nicht. Du hast damals Glück gehabt, damals, in den Jahren.

Du bist verrückt! Glück. Wenn ich das schon höre. Man brauchte so etwas nicht zu tun, man konnte sich weigern, verstehst du? Man konnte sich weigern.

Weißt du das so genau? fragte sie.

Ja, das weiß ich genau!

Und hast du dich geweigert? bohrte sie weiter.

Ich war erstaunt. Ich? Mich geweigert? ... Nein ... wieso ... ich bin doch nie in die Lage gekommen ... nein ... das blieb mir erspart ... ja ... wie soll ich das sagen ...

Ich sagte doch, du hast Glück gehabt, du bist nie in die Lage gekommen. Und du hättest dich natürlich geweigert.

Natürlich hätte ich! rief ich aufgebracht.

Sie sah mich lange an, dann sagte sie: Manchmal hast du auch Augen wie er, aber nur manchmal.

Sei vernünftig. Es geht hier um Wahrheit und um Gerechtigkeit. Wo kämen wir hin, wenn ...

Oder um Rache? Nicht wahr? Wird ein anderer abgeurteilt, beruhigt das euer Gewissen. Geht es nicht auch um die Kinder? Ja mein Lieber, auch um die Kinder.

Dann trug sie das Abendessen auf.

Die Kinder des Verurteilten riefen nun nicht mehr Onkel Karl hinter mir her, sie versteckten sich, wenn sie mich kommen sahen, und das war schlimmer, als wenn sie gerufen hätten.

Am dritten Sonntag nach dem Urteil kam meine Frau in das Wohnzimmer, meine drei Kinder ebenfalls, und sie hatten Päckchen in den Händen, meine Frau Blumen. Ich wollte mich zu einem Mittagsschlaf hinlegen und ärgerte mich über die Störung.

Geht ihr aus? fragte ich. Wo wollt ihr so früh schon hin?

Hinüber, sagte sie. Zu ihr und den Kindern.

Was? Ich war bestürzt und zornig. Wenn du schon hinüber willst, dann warte, bis es Nacht ist.

Nein, sagte sie, dann sieht mich doch keiner.

Beispiellösung

In der Kurzgeschichte „Kinder sind immer Erben" von Max von der Grün aus dem Jahr 1965 geht es um das Verhalten eines Ehepaares, dessen Nachbar als Mörder entlarvt wird. Dieser Mann ist maßgeblich an der Erschießung von zivilen Geiseln beteiligt gewesen und wird nun, einige Zeit nach dem 2. Weltkrieg, als nationalsozialistischer Kriegsverbrecher angeklagt.

Der Ich-Erzähler, Karl, und seine Familie sind bis zur Verhaftung mit ihren Nachbarn eng befreundet und haben ein sehr gutes Bild von dem Mann. So können Karl und sei-

Hinweise

Einleitung:

a) äußere Textmerkmale: Autor, Titel, Textsorte, Erscheinungszeit

b) inhaltliche Aspekte: Thema

ne Frau die gegen ihren Nachbarn erhobenen Vorwürfe nur schwer nachvollziehen. Vor allem die sympathische Erscheinung und das überaus freundliche und hilfsbereite Verhalten des Nachbarn stehen im Widerspruch zu dem brutalen Verhalten, das dieser bei der Tötung der Geiseln gezeigt hat. Während die Frau von Karl zunächst an der Berechtigung der Vorwürfe und der Glaubwürdigkeit der Berichte über den Nachbarn zweifelt, steht für ihren Mann schnell fest, dass man sich von dem Verhafteten und seiner Familie mit Frau und Kindern deutlich distanzieren müsse. Die kritischen Nachfragen und Argumente der Frau des Erzählers lassen dessen Haltung als (auch moralisch) fragwürdig erscheinen. Dies wird besonders deutlich, als die Frau des Erzählers auf die unschuldigen Kinder des Täters hinweist und als sie nach der Verurteilung des Mörders ihren Besuch bei der Nachbarsfamilie bewusst in aller Öffentlichkeit machen will.

Erläuterung der Sichtweisen und Perspektiven des Ich-Erzählers und seiner Frau

Distanzierung oder Solidarität

Differenzierung Täter – Angehörige

Die Erzählung entspricht in weiten Teilen einer traditionellen Kurzgeschichte mit einem dreiteiligen Aufbau (unvermittelter Beginn, Rückblicke und Gespräche der Eheleute, offenes Ende mit Pointe), einfacher Sprache und Bezug zum Alltagsleben. Die Geschichte wird von dem Ich-Erzähler Karl, Nachbar des entlarvten Mörders, erzählt. Vor allem die Sichtweise von Karl wird dabei vermittelt, aber durch die Fragen und Äußerungen der Ehefrau des Erzählers sowie ihrem erzählten Verhalten wird deren ganz eigene Perspektive deutlich. Haltung und Verhalten des Ich-Erzählers werden durch diese Kontrastierung infrage gestellt. Während sich der Erzähler durch Äußerlichkeiten und die Meinung anderer leiten lässt, beruft sich seine Frau auf ihre eigenen Eindrücke und Beobachtungen. So passt sich Karl dem Urteil über den verhafteten Nachbarn ohne Weiteres an und distanziert sich von dessen Frau und deren Kindern (wenn er etwa zuschaut, wie die Nachbarin ihre Kinder begleitet, und so tut, als kenne er die Kinder nicht). Die Frau Karls hingegen konfrontiert ihren Mann mit Fragen nach seinem eigenen Verhalten unter der Nazi-Diktatur. Dabei geht sie soweit, Ähnlichkeiten zwischen dem angeklagten Mörder und ihrem eigenen Mann zu sehen. Für die Leser werden damit die Parallelen zwischen der Haltung des Ich-Erzählers und seinem angeklagten Nachbarn erkennbar: So wie der verurteilte Nachbar Zivilisten als Geiseln gefangen und getötet hat, so nehmen der Erzähler und die anderen in der Gesellschaft die Kinder mit in Haft und lassen sie büßen für die Taten des Vaters. Gegen dieses Unrecht unter dem Schein der Ge-

Erzählweise des Textes:
Merkmale der Textsorte Kurzgeschichte
Erzählform: Ich-Erzähler

Kontrastierung als Stilmittel

Parallelität der Handlungen

rechtigkeit wehrt sich die Frau von Karl und setzt sich mit ihrem Besuch der Familie des Mörders vor aller Augen von ihrem Mann und der Gesellschaft ab. Die Wirkung der Kurzgeschichte ergibt sich aus der beschriebenen Art und Weise des Erzählens, bei der zwei Sichtweisen gegenübergestellt und voneinander abgesetzt werden.

Wirkung der Kurzgeschichte

Die Motive der Frau des Ich-Erzählers sind in ihrem Zweifel an der Verurteilung der Familie und vor allem der Kinder des Mörders begründet. Sie hält sich an ihre eigenen Einschätzungen und Urteile, hinterfragt kritisch die vordergründige Moral von Karl, der sich aus Angst dem Verhalten der Gesellschaft gegenüber der Frau und den Kindern des Nachbarn anpasst. Die Frau von Karl steht somit für eigenständiges Denken und Handeln, das die allgemeine Verurteilung und Bestrafung Unbeteiligter ablehnt und sich gegen eine ungerechte Sippenhaft der Angehörigen auch von Mördern stellt. Sie zeigt mit ihrem Besuch der Nachbarn in aller Öffentlichkeit Mut und Zivilcourage.

Stellungnahme zum erzählten Verhalten des Ich-Erzählers und seiner Frau

TIPP

Einen literarischen Text zu analysieren heißt, die zentralen inhaltlichen Gedanken darzulegen und auszuwerten sowie die Machart des Textes zu beschreiben. Die Aussagen müssen am Text belegt werden.
In der Einleitung müssen die äußeren Textmerkmale, das Thema und der Inhalt des Textes dargelegt werden.
Die eigentliche Textanalyse verbunden mit einer Interpretation erfolgt unter ausgewählten Fragestellungen. Das sind hier die verschiedenen Sichtweisen und Beweggründe des Ich-Erzählers und seiner Frau.
Bei der Analyse der Erzählweise geht es um die Frage, wie ein Text geschrieben ist. Hier müssen die Textsorte und die jeweiligen Gestaltungsmittel in den Blick genommen werden.

Bei der Stellungnahme sollten vor allem die Gegensätze im Verhalten von Karl und seiner Frau beachtet und der Mut der Anpassungsverweigerung gewürdigt werden.

3 Basiswissen

Inhaltsangabe

Die Wiedergabe von Inhalten spielt in mündlicher und schriftlicher Form im Alltag und speziell in der Schule eine wichtige Rolle. Wenn jemand z. B. einen anderen über ein Buch informiert, das er gelesen hat, wird er in der Regel zunächst den Inhalt wiedergeben, bevor er eine Wertung vornimmt. In der Schule wird die Inhaltsangabe bzw. Textwiedergabe zu Beginn einer Analyse oder Interpretation verlangt. Besonders in schriftlicher Form muss die Inhaltsangabe bzw. die Textwiedergabe bestimmte formale Anforderungen erfüllen:

- die Länge sollte etwa ein Drittel des Ausgangstextes (Faustregel) nicht überschreiten, damit keine Nacherzählung entsteht;
- der Sprachstil soll nüchtern und sachlich sein, wobei Bewertungen, Kommentare und erste Interpretationsansätze zu vermeiden sind;
- eine Inhaltsangabe bzw. Textwiedergabe besteht aus einem Einleitungssatz und dem Hauptteil; im Einleitungssatz werden die Grundinformationen zum Text genannt: Autor/in, Titel, Textsorte, evtl. Entstehungszeit und das grobe Thema bzw. die zentrale Aussage;
- das Tempus der Darstellung ist in der Regel das Präsens;
- Zitate und Textbelege werden nicht verwendet.

Die Qualität Ihrer Inhaltsangabe hängt davon ab, ob Sie
- den Inhalt eines Textes sachlich richtig und für die Leser nachvollziehbar darstellen,
- sich von den Formulierungen und dem Sprachstil des Ausgangstextes lösen,
- und die oben genannten formalen Regeln einhalten.

Den Inhalt eines Textes in deutlich reduzierter Form mit eigenen Worten klar gegliedert wiederzugeben, ist eine anspruchsvolle Aufgabe, die ein gutes Textverständnis voraussetzt. Wenn Sie in einer Klausur aufgefordert werden, einzelne Passagen inhaltlich zusammenzufassen oder eine vollständige Inhaltsangabe zu verfassen, dann werden einerseits Ihre Kompetenzen im Bereich dieser Arbeitsmethode überprüft, anderseits aber auch Ihr Textverständnis. Entsprechende Aufgabenstellungen können z. B. lauten: „Fassen Sie den Inhalt kurz zusammen“, „Paraphrasieren Sie folgende Abschnitte“ oder „Fertigen Sie eine Inhaltsangabe an“.

Inhaltsangabe zu literarischen Texten

Neben den bereits genannten Anforderungen (s. Kasten) erfordert die Inhaltsangabe zu literarischen Texten besondere Aufmerksamkeit bei der
- Bestimmung der Textsorte,
- Formulierung des (groben) Themas,

- Umformung des Präteritums (typisches Erzähltempus) ins Präsens,
- Unterscheidung des Wichtigen vom eher Nebensächlichen,
- Gliederung der Darstellung im Hauptteil.

Einleitungssatz der Inhaltsangabe

Zur Wiedergabe des erzählten Geschehens gehört auch die Nennung des Verfassers, des Titels und (falls angegeben) des Erscheinungsjahrs der Erzählung. Dabei sollten Bandwurmsätze vermieden und die Regeln des Satzbaus beachtet werden. Am besten, man probiert verschiedene Formulierungen für sich aus und legt sich einige zurecht. Folgende Möglichkeiten sind denkbar:

- *Die vorliegende Kurzgeschichte „...“ von .... aus dem Jahr ... handelt von ...*
- *Bei dem Text mit dem Titel „ ...“ von ..., erschienen ..., handelt es sich um den Anfang der gleichnamigen Erzählung.*
- *Der vorliegende Ausschnitt aus dem Roman „...“ von ... erzählt von/erzählt, wie ...*
- *In dem Text „...“ von ... wird die Geschichte eines ... erzählt.*

Am Ende des Einleitungssatzes bietet es sich an, das Thema des Textes so präzise wie möglich zu benennen. Das setzt voraus, dass man durch die gründliche Lektüre dazu bereits eine klare Vorstellung entwickelt hat.

Umformung ins Präsens

Die Wiedergabe des erzählten Geschehens soll grundsätzlich im Präsens formuliert werden. Vor allem auch dadurch unterscheidet sich die Inhaltsangabe von einer Nacherzählung. Das Präsens wird gewählt zur aktuellen Besprechung und Darstellung von Gegenständen und Sachverhalten und damit auch von Texten. Für die Anzeige von Vorzeitigkeit kann das Perfekt bzw. Plusquamperfekt genutzt werden, das Präteritum sollte ganz vermieden werden:
In der Kurzgeschichte „Ein verächtlicher Blick“ von Kurt Kusenberg geht es um einen Mann, der einen Wachtmeister verächtlich angeblickt hat und nun von der Polizei verfolgt wird.

Übung

Korrigieren Sie in folgender Inhaltsangabe die Verwendung der Zeitformen.

In der Erzählung „Ein verächtlicher Blick“ von Kurt Kusenberg wird von einem rotbärtigen Mann erzählt, der durch einen verächtlichen Blick gegenüber Wachtmeister Kerzig eine richtige Verfolgungsjagd in der Stadt ausgelöst hatte. An einem nicht näher bestimmten Tag schaute der Mann mit dem roten Bart Wachmeister Kerzig verächtlich an, weil dieser ihn an seinen ungeliebten Vetter Egon erinnert hatte. Da Kerzig der Meinung war, dass der Blick seiner Person galt, beschwerte er sich beim Polizeipräsidenten. Dieser leitet sofort eine Großfahndung nach allen Männern mit roten Bärten in der Stadt ein und ließ Wachmeister Kerzig mit dem Krankenwagen abholen.

Unterscheidung des Wichtigen vom Nebensächlichen

Die Unterscheidung zwischen Wichtigem und Unwichtigem fällt besonders bei literarischen Texten nicht immer ganz leicht. Eine Hilfe stellt die Gliederung einer Erzählung in verschiedene Erzählabschnitte dar, wobei das im jeweiligen Abschnitt erzählte Geschehen in einer kurzen Überschrift inhaltlich zusammengefasst wird. Die folgende Tabelle zeigt den Anfang einer solchen Gliederung in Erzählabschnitte zu *Ein verächtlicher Blick* von Kurt Kusenberg (→ S. 35 ff.).

Zeile	**Inhaltliche Zusammenfassung der Erzählabschnitte**
1 – 28	Wachtmeister Kerzig meldet dem Polizeipräsidenten das Ereignis (verächtlicher Blick)
29 – 51	Beschreibung des übertriebenen Polizeieinsatzes

Gliederung des Hauptteils

Die Wiedergabe des erzählten Geschehens sollte grundsätzlich chronologisch gegliedert werden. Dabei ist die Chronologie des Geschehens selbst maßgeblich, nicht jedoch die Abfolge der Erzählung. So wird in der Erzählung *Ein verächtlicher Blick* zunächst von der Verfolgungsjagd der Polizisten und dem Verhör der 58 Männer mit roten Bärten erzählt, bevor der Leser etwas über die Ursache für den verächtlichen Blick erfährt. In der Chronologie des Geschehens muss der Auslöser natürlich am Anfang erwähnt werden: *Erzählt wird von einem Mann mit einem roten Bart, der einen Wachtmeister verächtlich ansieht, weil dieser seinem ungeliebten Vetter Egon sehr ähnlich sieht.*

Eine andere Möglichkeit der Gliederung besteht darin, sich an den Erzählschritten zu orientieren. Dazu muss der Text zunächst entsprechend gegliedert und aufbereitet, z. B. markiert werden. Dann können die Abschnitte aufeinanderfolgend wiedergegeben werden. Dieses Verfahren bietet sich an, wenn das Geschehen im Text streng chronologisch dargestellt wird. Dabei besteht allerdings die Gefahr, dass das Geschehen zu detailliert dargestellt wird. Außerdem müssen bei der Zusammenfassung von Abschnitten eventuell die Vorzeitigkeiten beachtet und deutlich gemacht werden:

Die Erzählung *„Ein verächtlicher Blick" ist in neun Teile gegliedert. Im ersten Abschnitt (Z. 1 – 28) wird das Gespräch des Wachtmeisters Kerzig mit dem Polizeipräsidenten beschrieben. … In einer Rückblende wird im vierten Abschnitt (Z. 81 – 108) erzählt, wie der rotbärtige Mann seiner Verhaftung entgangen ist.*

Inhaltsangabe zu Textauszügen

Ein literarischer Text, der ein Auszug aus einem längeren Text ist, sollte zu Beginn in den Kontext des Gesamttextes eingebettet werden, sofern Ihnen der Ausgangstext bekannt ist oder mit der Aufgabenstellung vorgegeben wird. Folgende Formulierungen können z. B. zur Einbettung in den Kontext verwendet werden:

Beim vorliegenden Textauszug mit der Überschrift „…“ handelt es sich um das … Kapitel aus der Erzählung „…“ von … . In den vorausgehenden Kapiteln wird erzählt, wie … . Im Anschluss an den Textauszug erfährt der Leser … .

Die Darstellung des inhaltlichen Kontextes muss dabei noch viel stärker gekürzt werden als die Inhaltsangabe zum Textauszug selbst.

Erzähltextanalyse

Merkmale erzählender Texte

Dieses Kapitel zeigt, wie Erzähltexte interpretiert werden können. Dazu werden Tipps und Hilfen gegeben, um Erzählungen angemessen zu lesen, zu untersuchen und zu deuten. In einzelnen Schritten werden Wissen und Methoden vermittelt und in entsprechenden Übungen erprobt und gefestigt. Dazu werden kurze Erzählungen und Kurzgeschichten herangezogen, da diese auch in der zentralen Klausur zu bearbeiten sind.

Aufgabenstellungen, Kenntnisse und Fähigkeiten zur Bearbeitung

Bei der Bearbeitung von literarischen Erzähltexten geht es immer auch darum, den Inhalt zu erfassen und wiederzugeben, die Erzählweise zu beschreiben und zu erläutern sowie ggf. das dargestellte Thema oder Problem zu erörtern.

Eis *Helga M. Novak*

Ein junger Mann geht durch eine Grünanlage. In einer Hand trägt er ein Eis. Er lutscht. Das Eis schmilzt. Das Eis rutscht an dem Stiel hin und her. Der junge Mann lutscht heftig, er bleibt vor einer Bank stehen. Auf der Bank sitzt ein Herr und liest eine Zeitung. Der junge Mann bleibt vor dem Herrn stehen und lutscht.

Der Herr sieht von seiner Zeitung auf. Das Eis fällt in den Sand. Der junge Mann sagt, was denken Sie jetzt von mir?

Der Herr sagt erstaunt, ich? Von Ihnen? Gar nichts.

Der junge Mann zeigt auf das Eis und sagt, mir ist doch eben das Eis runtergefallen, haben Sie da nicht gedacht, so ein Trottel?

Der Herr sagt, aber nein. Das habe ich nicht gedacht. Es kann schließlich jedem einmal das Eis runterfallen.

Der junge Mann sagt, ach so, ich tue Ihnen leid. Sie brauchen mich nicht zu trösten. Sie denken wohl, ich kann mir kein zweites Eis kaufen. Sie halten mich für einen Habenichts.

Der Herr faltet seine Zeitung zusammen. Er sagt, junger Mann, warum regen Sie sich auf? Meinetwegen können Sie so viel Eis essen, wie Sie wollen.

Machen Sie überhaupt, was Sie wollen. Er faltet die Zeitung wieder auseinander.

Der junge Mann tritt von einem Fuß auf den anderen. Er sagt, das ist es eben. Ich mache, was ich will. Mich nageln Sie nicht fest. Ich mache genau, was ich will. Was sagen Sie dazu?

Der Herr liest wieder in der Zeitung.

Der junge Mann sagt laut, jetzt verachten Sie mich. Bloß, weil ich mache, was ich will. Ich bin kein Duckmäuser. Was denken Sie jetzt von mir?

Der Herr ist böse. Er sagt, lassen Sie mich in Ruhe. Gehen Sie weiter. Ihre Mutter hätte Sie öfter verhauen sollen. Das denke ich jetzt von Ihnen.

Der junge Mann lächelt. Er sagt, da haben Sie recht.

Der Herr steht auf und geht. Der junge Mann läuft hinterher und hält ihn am Ärmel fest. Er sagt hastig, aber meine Mutter war ja viel zu weich. Glauben Sie mir, Mutter war ja viel zu weich. Glauben Sie mir, sie konnte mir nichts abschlagen. Wenn ich nach Hause kam, sagte sie zu mir, mein Prinzchen, du bist schon wieder so schmutzig. Ich sagte, die anderen haben nach mir geworfen. Darauf sie, du sollst dich deiner Haut wehren. Lass dir nicht alles gefallen. Dann ich, ich habe angefangen. Darauf sie, pfui, das hast du nicht nötig. Der Stärkere braucht nicht anzufangen. Dann ich, ich habe gar nicht angefangen. Die anderen haben gespuckt. Darauf sie, wenn du nicht lernst, dich durchzusetzen, weiß ich nicht, was aus dir werden soll. Stellen Sie sich vor, sie hat mich gefragt, was willst du denn mal werden, wenn du groß bist? Neger, habe ich gesagt. Darauf sie, wie ungezogen du wieder bist.

Der Herr hat sich losgemacht.

Der junge Mann ruft, da habe ich ihr was in den Tee getan. Was denken Sie jetzt?

aus: Aufenthalt in einem irren Haus. Gesammelte Prosa, Schöffling & Co, Frankfurt a. M. 1995, S. 83 ff.

- Was wird in dieser Geschichte erzählt?
- Wie wird erzählt?
- Um welches Thema oder Problem geht es?

- Um das Geschehen eines Erzähltextes zu erfassen, muss man zwischen wichtigen und nicht so wichtigen Ereignissen und Elementen unterscheiden und diese in eine sinnvolle, meist chronologische Ordnung bringen. Zudem ist es notwendig, die Wiedergabe zu strukturieren, also mit einem Einleitungssatz, in dem Verfasser, Titel und Textsorte genannt werden, zu beginnen:
  In Helga M. Novaks Kurzgeschichte „Eis“ wird von einer zufälligen Begegnung zwischen einem jungen Mann und einem Herrn erzählt. Der junge Mann versucht den Herrn zu provozieren, indem ...
- Um die jeweilige Erzählweise zu bestimmen und in ihrer Wirkung zu beschreiben, muss man entsprechende Begriffe der Analyse kennen und anwenden können:
  Die Handlung wird aus der Sicht eines unbeteiligten Beobachters erzählt, die Erzählerrede gibt nur die Vorgänge und Handlungen wieder. Dabei werden keine Wertungen deutlich, sodass von einer neutralen Erzählhaltung gesprochen werden kann ...
- Um die erzählten Figuren zu verstehen und zu beschreiben, bedarf es der Fähigkeit, sich in deren Sicht-, Denk- und Empfindungsweise hineinzuversetzen und direkte und indirekte Charakterisierungen im Text zu erkennen und zu verstehen:
  Die Art und Weise, in der der junge Mann den Herrn auf der Parkbank anspricht, wirkt sehr provozierend und aggressiv. Auch der Herr wird in dieser indirekten Charakterisierung beschrieben, durch seine Äußerungen und sein Verhalten ...
- Um die Darstellung und Behandlung von Themen und Problemen in erzählenden Texten zu interpretieren, müssen diese in entsprechende Zusammenhänge gestellt und beurteilt werden:

Der junge Mann unterstellt dem Herrn, er habe Vorurteile, diese direkten Vorwürfe dienen dazu, den älteren Herrn herauszufordern. Dabei aber wird deutlich, wie sehr sich der junge Mann selbst durch Vorurteile leiten lässt ...

Die folgende Übersicht stellt die wichtigsten Begriffe zur Analyse und Beschreibung von Erzähltexten zusammen.

Wichtige Begriffe zur Erzähltextanalyse

Erzählform	während bei der *Ich-Form* das Geschehen vom Erzähler als selbst erlebt dargestellt wird, erzählt er bei der *Er-/Sie-Form* von anderen
Erzählstandort	auch Erzählerstandort; Position des Erzählers zum Erzählten, d.h. der Grad der räumlichen, zeitlichen und inneren Distanz oder Nähe
Erzählperspektive	der Erzähler kann nur Aussehen und Handeln einer Figur wiedergeben (*Außensicht*) oder auch noch über ihre Gedanken und Gefühle informieren (*Innensicht*)
Erzählhaltung	deutlich werdende Einstellung des Erzählers zum Geschehen und den erzählten Figuren: unbeteiligt, ironisch, zustimmend ...
Erzählverhalten	der Erzähler kann das Geschehen *auktorial* (über allem stehend, kommentierend, reflektierend, allwissend) oder *personal* (aus der Sicht einer Figur) oder *neutral* (weder aus seiner Sicht noch aus der Sicht einer Figur) erzählen
Erzählerrede	verschiedene Formen der Vermittlung durch den Erzähler (Erzählerbericht, Redewiedergabe in Form der indirekten Figurenrede, Beschreibung, Kommentar); abgegrenzt von der direkten Figurenrede und der Wiedergabe innerer Handlung (z.B. innerer Monolog).
direkte Figurenrede	Wiedergabe direkter Rede in Erzähltexten, durch die sich die Figur scheinbar unmittelbar mitteilt
indirekte Figurenrede	oft im Konjunktiv wiedergegebene indirekte Rede erzählter Figuren, z. B. *Sie sagte, zum Ausreiten fehle ihr heute die rechte Lust.*
erlebte Rede	Ausdruck der Gedanken einer erzählten Figur im Indikativ der 3. Person Präteritum; die erlebte Rede ist also eine Mischung von direkter und indirekter Rede. Die Vorgänge werden in die sich selbst erlebende Figur hineinverlegt, aber in der zu sich selbst Distanz schaffenden 3. Person erzählt: *Hatte er sie wirklich so verletzt? Das hatte er doch nicht gewollt!*

innerer Monolog	Erzähltechnik, die dazu dient, die als Monolog geäußerten Gedanken einer Figur möglichst unmittelbar auszudrücken; man benutzt die 1. Person Singular (seltener Plural) und das Präsens
Charakterisierung	die Darstellung und Beschreibung der Eigenschaften einer Person oder Figur
direkte Charakterisierung	explizite Charakterisierung in literarischen Texten durch den Erzähler oder andere Figuren im Text
indirekte Charakterisierung	Charakterisierung von Personen/Figuren in literarischen Texten und Filmen durch deren Verhalten oder Redeweise. Bei der indirekten Charakterisierung müssen die Leser/Zuschauer Schlüsse aus dem dargestellten Verhalten ziehen
Erzählzeit	zeitliche Dauer des Erzählvorgangs; im Gegensatz zur **erzählten Zeit**, der zeitlichen Dauer des erzählten Geschehens

Das erzählte Geschehen erfassen und wiedergeben

Alle Untersuchungen und Interpretationen von Erzähltexten setzen voraus, das, worum es geht, zu erfassen und zu verstehen. Ein Schritt dazu besteht in der Beschreibung des Textinhalts. In den meisten Aufgabenstellungen bildet die Wiedergabe des Textes eine, in der Regel auch die erste, Teilaufgabe. Gesprochen wird dabei von der Zusammenfassung, Beschreibung oder Wiedergabe der Handlung der Geschichte. Gemeint ist eine zusammenfassende und strukturierte Darstellung des erzählten Geschehens in eigenständigen Formulierungen. Wenn zudem die Thematik oder Problematik der Erzählung benannt werden soll, wird auch von einer Inhaltsangabe (→ S. 27 ff.) gesprochen.
Wie auch immer die einzelne Aufgabenformulierung lautet, so geht es auf jeden Fall darum, die wichtigsten Informationen zu den Handlungsträgern, also den Figuren der Erzählung, sowie zu Ort, Zeit und Verlauf des Geschehens der Geschichte zu entnehmen und für die Darstellung in eigener Sprache zu nutzen.

Geschichte und Geschehen

Die folgenden Übungen zeigen die Unterscheidung von Geschehen und Geschichte auf. Sie hilft, in einer Erzählung das Gerüst der Handlung zu erfassen.

Geschehen *Raymond Queneau*

In einem gut gefüllten Pariser Autobus der Linie ‚S' fährt ein junger Mann mit Hut; er beschimpft einen älteren Herrn und setzt sich anschließend auf einen frei gewordenen Platz; zwei Stunden später befindet er sich an einer Haltestelle, wo ihm ein Mann sagt, an seinem Mantel fehle ein Knopf.

Geschichte (Vergangenheit) *Raymond Queneau*

Es war Mittag. Die Fahrgäste stiegen in den Autobus. Wir standen gedrängt. Ein junger Herr trug auf seinem Kopfe einen mit einer Kordel und nicht mit einem Bande umschlungenen Hut. Er hatte einen langen Hals. Er beklagte sich bei seinem Nachbarn wegen der Stöße, die dieser ihm verabreichte. Sobald er einen freien Platz erblickte, stürzte er sich darauf und setzte sich.

Ich erblickte ihn später vor der Gare Saint-Lazare. Er trug einen Überzieher, und ein Kamerad, der sich dort befand, machte diese Bemerkung: man müsste noch einen Knopf hinzufügen.

aus: Raymond Queneau, Stilübungen. Deutsch von Ludwig Harig und Eugen Helmlé, © der deutschen Ausgabe Suhrkamp Verlag, Frankfurt a. M. 1961

1 Welche Unterschiede zwischen Geschehen und Geschichte stellen Sie fest?

2 Schreiben Sie selbst Geschichten mit dem angeführten Geschehen. Folgende Muster des Erzählens können Sie dabei nutzen: Objektiv, Rückwärts, Vorhersage, Amtlicher Brief, Vulgär.

Das Geschehen erfassen

Das Erzählen ergänzt und verändert das Geschehen, indem besondere Blickpunkte und Perspektiven, Bewertungen und Haltungen sowie besondere zeitliche und kausale Zusammenhänge dargestellt werden. Dabei werden besondere sprachliche und erzählerische Formen genutzt. Das Geschehen bleibt ohne diese jeweiligen Besonderheiten in verschiedenen erzählten Geschichten gleich.

3 Arbeiten Sie das erzählte Geschehen der folgenden Geschichte heraus und fassen Sie es in eigenen Worten zusammen. Diese Zusammenfassung sollte nicht länger als etwa 1/3 der Länge des Originals sein.

Ein verächtlicher Blick *Kurt Kusenberg*

Das Telefon summte, der Polizeipräsident nahm den Hörer auf. „Ja?“

„Hier spricht Wachtmeister Kerzig. Soeben hat ein Passant mich verächtlich angeschaut.“

„Vielleicht irren Sie“, gab der Polizeipräsident zu bedenken. „Fast jeder, der einem Polizisten begegnet, hat ein schlechtes Gewissen und blickt an ihm vorbei. Das nimmt sich dann wie Geringschätzung aus.“

„Nein“, sprach der Wachtmeister. „So war es nicht. Er hat mich verächtlich gemustert, von der Mütze bis zu den Stiefeln.“

„Warum haben Sie ihn nicht verhaftet?“

„Ich war zu bestürzt. Als ich die Kränkung erkannte, war der Mann verschwunden.“

„Würden Sie ihn wiedererkennen?“

„Gewiss. Er trägt einen roten Bart.“

„Wie fühlen Sie sich?“

„Ziemlich elend.“

„Halten Sie durch, ich lasse Sie ablösen.“ Der Polizeipräsident schaltete das

Mikrofon ein. Er entsandte einen Krankenwagen in Kerzigs Revier und ordnete an, dass man alle rotbärtigen Bürger verhafte.

Die Funkstreifen waren gerade im Einsatz, als der Befehl sie erreichte. Zwei von ihnen probierten aus, welcher Wagen der schnellere sei, zwei andere feierten in einer Kneipe den Geburtstag des Wirtes, drei halfen einem Kameraden beim Umzug, und die übrigen machten Einkäufe. Kaum aber hatten sie vernommen, um was es ging, preschten sie mit ihren Wagen in den Kern der Stadt.

Sie riegelten Straßen ab, eine um die andere, und kämmten sie durch. Sie liefen in die Geschäfte, in die Gaststätten, in die Häuser, und wo sie einen Rotbart aufspürten, zerrten sie ihn fort. Überall stockte der Verkehr. Das Geheul der Sirenen erschreckte die Bevölkerung, und es liefen Gerüchte um, die Hetzjagd gelte einem Massenmörder. Wenige Stunden nach Beginn des Kesseltreibens war die Beute ansehnlich; achtundfünfzig rotbärtige Männer hatte man ins Polizeipräsidium gebracht.

Auf zwei Krankenwärter gestützt, schritt Wachtmeister Kerzig die Verdächtigen ab, doch den Täter erkannte er nicht wieder. Der Polizeipräsident schob es auf Kerzigs Zustand und befahl, dass man die Häftlinge verhöre. „Wenn sie“, meinte er, „in dieser Sache unschuldig sind, haben sie bestimmt etwas anderes auf dem Kerbholz. Verhöre sind immer ergiebig.“ Ja, das waren sie wohl, jedenfalls in jener Stadt. Man glaube jedoch nicht, dass die Verhörten misshandelt wurden; so grob ging es nicht zu, die Methoden waren feiner. Seit langer Zeit hatte die Geheimpolizei durch unauffälliges Befragen der Verwandten und Feinde jedes Bürgers eine Kartei angelegt, aus der man erfuhr, was ihm besonders widerstand: das Rattern von Stemmbohrern, grelles Licht, Karbolgeruch, nordische Volkslieder, der Anblick enthäuteter Ratten, schlüpfrige Witze, Hundegebell, Berührung mit Fliegenleim, und so fort. Gründlich angewandt, taten die Mittel meist ihre Wirkung: sie entpressten den Befragten Geständnisse, echte und falsche, wie es gerade kam, und die Polizei frohlockte. Solches stand nun den achtundfünfzig Männern bevor.

Der Mann, dem die Jagd galt, befand sich längst wieder in seiner Wohnung. Als die Polizisten bei ihm läuteten, hörte er es nicht, weil er Wasser in die Badewanne strömen ließ. Wohl aber hörte er, nachdem das Bad bereitet war, den Postboten klingeln und empfing von ihm ein Telegramm. Die Nachricht war erfreulich, man bot ihm einen guten Posten im Ausland an – freilich unter der Bedingung, dass er sofort abreise. „Gut“, sagte der Mann. „Gut. Jetzt sind zwei Dinge zu tun: der Bart muss verschwinden, denn ich bin ihn leid, und ein Pass muss her, denn ich habe keinen.“

Er nahm sein Bad, genüsslich, und kleidete sich wieder an. Dem Festtag zu Ehren, wählte er eine besonders hübsche Krawatte. Er ließ sich durchs Telefon sagen, zu welcher Stunde er auf ein Flugzeug rechnen könne. Er verließ das Haus, durchschritt einige Straßen, in die wieder Ruhe eingekehrt war, und trat bei einem Friseur ein. Als dieser sein Werk verrichtet hatte, begab der Mann sich ins Polizeipräsidium, denn nur dort, das wusste er, war in sehr kurzer Frist ein Pass zu erlangen.

Hier ist nachzuholen, dass der Mann den Polizisten in der Tat geringschätzig angeschaut hatte – deshalb nämlich, weil Kerzig seinem Vetter Egon ungemein glich. Für diesen Vetter, der nichts taugte und ihm Geld schuldete, empfand der Mann Verachtung, und die war nun, als er Kerzig gewahrte, ungewollt in seinen Blick hineingeraten. Kerzig hatte also richtig beobachtet, gegen seine Meldung konnte man nichts einwenden.

Ein Zufall wollte es, dass der Mann beim Eintritt ins Polizeipräsidium erneut dem Polizisten begegnete, der ihn an Vetter Egon erinnerte. Dieses Mal aber wandte er, um den anderen nicht zu kränken, seine Augen rasch von ihm ab. Hinzu kam, dass es dem Armen offenbar nicht gut ging; zwei Wärter geleiteten ihn zu einem Krankenwagen.

So einfach, wie der Mann es gewähnt, ließ sich die Sache mit dem Pass nicht an. Es half ihm nichts, dass er mancherlei Papiere bei sich führte, dass er das Telegramm vorwies: die vermessene Hast des Unternehmens erschreckte den Passbeamten. „Ein Pass“, erklärte er, „ist ein wichtiges Dokument. Ihn auszufertigen, verlangt Zeit.“

Der Mann nickte. „So mag es in der Regel sein. Aber jede Regel hat Ausnahmen.“

„Ich kann den Fall nicht entscheiden“, sagte der Beamte. „Das kann nur der Polizeipräsident.“

„Dann soll er es tun.“

Der Beamte kramte die Papiere zusammen und erhob sich. „Kommen Sie mit“, sprach er. „Wir gehen den kürzesten Weg – durch die Amtszimmer.“

Sie durchquerten drei oder vier Räume, in denen lauter rotbärtige Männer saßen. „Drollig“, dachte der Mann. »Ich wusste nicht, dass es ihrer so viele gibt. Und nun gehöre ich nicht mehr dazu.“

Wie so mancher Despot, gab der Polizeipräsident sich gern weltmännisch. Nachdem der Beamte ihn unterrichtet hatte, entließ er ihn und hieß den Besucher Platz nehmen. Diesem fiel es nicht leicht, ein Lächeln aufzubringen, denn der Polizeipräsident ähnelte seinem Vetter Arthur, den er gleichfalls nicht mochte. Doch die Muskeln, die ein Lächeln bewirken, taten brav ihre Pflicht – es ging ja um den Pass.

„Kleine Beamte“, sprach der Polizeipräsident, „sind ängstlich und meiden jede Entscheidung. Selbstverständlich bekommen Sie den Pass, sofort, auf der Stelle. Ihre Berufung nach Istanbul ist eine Ehre für unsere Stadt. Ich gratuliere.“ Er drückte einen Stempel in den Pass und unterschrieb. Lässig, als sei es ein beliebiges Heftchen, reichte er seinem Besucher das Dokument. „Sie tragen da“, sprach er, „eine besonders hübsche Krawatte. Ein Stadtplan – nicht wahr?“

„Ja“, erwiderte der Mann. „Es ist der Stadtplan von Istanbul.“

„Reizender Einfall. Und nun“ – der Polizeipräsident stand auf und reichte dem Mann die Hand – „wünsche ich Ihnen eine gute Reise.“ Er geleitete den Besucher zur Tür, winkte ihm freundlich nach und begab sich in die Räume, wo man die Häftlinge vernahm.

Ihre Pein zu kürzen, hatten die Bedauernswerten manches Delikt eingestanden, nur jenes nicht, dessen man sie bezichtigte. „Weitermachen!“ befahl der Polizeipräsident und ging zum Mittagessen.

Bei seiner Rückkehr fand er eine Meldung vor. Ein Friseur hatte ausgesagt, er habe am Vormittag einen Kunden auf dessen Wunsch seines roten Bartes entledigt. Den Mann selbst könne er nicht beschreiben, doch erinnere er sich eines auffälligen Kleidungsstückes: einer Krawatte mit einem Stadtplan.

„Ich Esel!“, schrie der Polizeipräsident. Er eilte die Treppe hinunter, zwei Stufen mit jedem Satz. Im Hof stand wartend sein Wagen. „Zum Flugplatz!“, rief er dem Fahrer zu und warf sich auf den Rücksitz. Der Fahrer tat, was er vermochte. Er überfuhr zwei Hunde, zwei Tauben und eine Katze, er schrammte eine Straßenbahn, beschädigte einen Handwagen mit Altpapier und erschreckte Hunderte von Passanten. Als er sein Ziel erreichte, erhob sich weit draußen, auf die Sekunde pünktlich, das Flugzeug nach Istanbul von der Rollbahn.

aus: Winfried Ulrich (Hg.), Deutsche Kurzgeschichten 9. – 10. Schuljahr, Reclam, Stuttgart 2002, S. 33 – 37

Erzählweisen beschreiben

Das gleiche Geschehen kann in ganz unterschiedlichen Weisen erzählt werden. Dies ist schon bei der Unterscheidung von Geschehen und Geschichte deutlich geworden, wie auch die folgende Erzählung des Geschehens noch einmal zeigt:

Geschehen

In einem gut gefüllten Pariser Autobus der Linie ‚S‘ fährt ein junger Mann mit Hut; er beschimpft einen älteren Herrn und setzt sich anschließend auf einen frei gewordenen Platz; zwei Stunden später befindet er sich an einer Haltestelle, wo ihm ein Mann sagt, an seinem Mantel fehle ein Knopf.

Pech

Oh je, jetzt ist der Bus wieder so voll, ich komme kaum hinein, in dem Gedränge muss ich meinen Hut festhalten, herrje, kann der nicht aufpassen, stößt mich von der Seite einfach an, unmöglicher Mensch, jetzt, da ist jemand aufgestanden, da setz ich mich schnell hin, das Wetter ist aber auch wieder mal zum ... puh, das war ja eine Fahrt, ach, da ist ja mein Nachbar, na so ein Zufall, trifft man sich hier an der Haltestelle, was, jetzt hab ich in dem Gedränge auch noch einen Knopf verloren, heut geht aber auch alles schief ...

Wie ist *Pech* erzählt? In der Ich-Form wird das Geschehen aus der Perspektive des jungen Mannes wiedergegeben, und zwar so, dass die jeweiligen Ereignisse aktuell kommentiert und von den Gedanken des Erzählers begleitet werden. Als Leser hört man die innere Stimme des Erzählers, der zugleich eine Figur der Geschichte ist. Eine andere Erzählweise, etwa aus der Sicht eines unbeteiligten Beobachters, erzeugt aus dem gleichen Geschehen eine andere Geschichte. Deshalb ist es notwendig, die Art und Weise des Erzählens genau zu untersuchen, wenn man die Bedeutung und Aussage von Erzähltexten erfassen möchte. Dazu braucht man einige Begriffe und Unterscheidungen, die in diesem Kapitel eingeführt und erprobt werden.

Erzähler – Autor

Wer erzählt eigentlich die Geschichte? Bei mündlichen Erzählungen in alltäglichen Gesprächen ist der Sprecher auch der Erzähler. In literarischen Erzählungen sind Verfasser der Texte und Erzähler nicht identisch. Dies wird besonders deutlich bei einer Ich-Erzählung, in der eine (erfundene) Figur der Geschichte selbst erzählt und somit vom Autor klar zu unterscheiden ist (Text 3). Aber auch wenn in der 3. Person Singular erzählt wird, ist ein eigener Erzähler zu erkennen, vor allem dann, wenn es sich um einen unabhängigen, außerhalb der Geschichte stehenden und allwissenden Erzähler handelt (Text 2). Der Erzähler einer Er/Sie-Erzählung kann aber auch ganz hinter die Figuren einer Geschichte treten und aus deren Sicht erzählen, dann ist er nur noch in einzelnen Aussagen und Bewertungen zu vernehmen (Text 1).

Text 1: Der Prozess *Franz Kafka*

Jemand musste Josef K. verleumdet haben, denn ohne dass er etwas Böses getan hätte, wurde er eines Morgens verhaftet. Die Köchin der Frau Grubach, seiner Zimmervermieterin, die ihm jeden Tag gegen acht Uhr früh das Frühstück brachte, kam diesmal nicht. Das war noch niemals geschehen. K. wartete noch ein Weilchen, sah von seinem Kopfkissen aus die alte Frau, die ihm gegenüber wohnte und die ihn mit einer an ihr ganz ungewöhnlichen Neugierde beobachtete, dann aber, gleichzeitig befremdet und hungrig, läutete er. Sofort klopfte es und ein Mann, den er in dieser Wohnung noch niemals gesehen hatte, trat ein. Er war schlank und doch fest gebaut, er trug ein anliegendes schwarzes Kleid, das, ähnlich den Reiseanzügen, mit verschiedenen Falten, Taschen, Schnallen, Knöpfen und einem Gürtel versehen war und infolgedessen, ohne dass man sich darüber klar wurde, wozu es dienen sollte, besonders praktisch erschien. „Wer sind Sie?", fragte K. und saß gleich halb aufrecht im Bett. Der Mann aber ging über die Frage hinweg, als müsse man seine Erscheinung hinnehmen, und sagte bloß seinerseits: „Sie haben geläutet?" „Anna soll mir das Frühstück bringen", sagte K. und versuchte, zunächst stillschweigend, durch Aufmerksamkeit und Überlegung festzustellen, wer der Mann eigentlich war. Aber dieser setzte sich nicht allzu lange seinen Blicken aus, sondern wandte sich zur Tür, die er ein wenig öffnete, um jemandem, der offenbar knapp hinter der Tür stand, zu sagen: „Er will, dass Anna ihm das Frühstück bringt." Ein kleines Gelächter im Nebenzimmer folgte, es war nach dem Klang nicht sicher, ob nicht mehrere Personen daran beteiligt waren.

aus: Franz Kafka, Der Prozeß, Suhrkamp, Frankfurt a. M. 2005

Text 2: Der Zauberberg *Thomas Mann*

Die Geschichte Hans Castorps, die wir erzählen wollen, nicht um seinetwillen (denn der Leser wird einen einfachen, wenn auch ansprechenden jungen Menschen in ihm kennen lernen), sondern um der Geschichte willen, die uns in hohem Grade erzählenswert scheint (wobei zu Hans Castorps Gunsten denn doch erinnert werden sollte, daß es seine Geschichte ist, und daß nicht jedem jede Geschichte passiert): diese Geschichte ist sehr lange her, sie ist sozusagen schon ganz mit historischem Edelrost überzogen und unbedingt in der Zeitform der tiefsten Vergangenheit vorzutragen.

Das wäre kein Nachteil für eine Geschichte, sondern eher ein Vorteil; denn Geschichten müssen vergangen sein, und je vergangener, könnte man sagen, desto besser für sie in ihrer Eigenschaft als Geschichten und für den Erzähler ...

Text in alter Rechtschreibung

aus: Thomas Mann, Der Zauberberg.

Text 3: Deutschstunde *Siegfried Lenz*

Sie haben mir eine Strafarbeit gegeben. Joswig selbst hat mich in mein festes Zimmer gebracht, hat die Gitter vor dem Fenster beklopft, den Strohsack massiert, hat sodann, unser Lieblingswärter, meinen metallenen Schrank durchforscht und mein altes Versteck hinter dem Spiegel. Schweigend, schweigend und gekränkt hat er weiterhin den Tisch inspiziert und den mit Kerben bedeckten Hocker, hat dem Ausguß sein Interesse gewidmet, hat sogar, mit forderndem Knöchel, dem Fensterbrett ein paar pochende Fragen gestellt, den Ofen auf Neutralität untersucht, und danach ist er zu mir gekommen, um mich gemächlich abzutasten von der Schulter bis zum Knie und sich beweisen zu lassen, daß ich nichts Schädliches in meinen Taschen trug. Dann hat er vorwurfsvoll das Heft auf meinen Tisch gelegt, das Aufsatzheft – auf dem grauen Etikett steht: Deutsche Aufsätze von Siggi Jepsen –, ist grußlos zur Tür gegangen, enttäuscht, gekränkt in seiner Güte; denn unter den Strafen, die man uns gelegentlich zuerkennt, leidet Joswig, unser Lieblingswärter, empfindlicher, auch länger und folgenreicher als wir. Nicht durch Worte, aber durch die Art, wie er abschloß, hat er mir seinen Kummer zu verstehen gegeben: lustlos, mit stochernder Ratlosigkeit fuhr sein Schlüssel ins Schloß, er zauderte vor der ersten Drehung, verharrte wiederum, ließ das Schloß noch einmal aufschnappen und beantwortete sogleich diese Unentschiedenheit, sich selbst verweisend, mit zwei, mit zwei schroffen Umdrehungen. Niemand anders als Karl Joswig, ein zierlicher, scheuer Mann, hat mich zur Strafarbeit eingeschlossen.

Obwohl ich fast einen Tag lang so sitze, kann und kann ich nicht anfangen: schau ich zum Fenster hinaus, fliegt da durch mein weiches Spiegelbild die Elbe; mach ich die Augen zu, hört sie nicht auf zu fließen, ganz bedeckt mit bläulich schimmerndem Treibeis.

Text in alter Rechtschreibung

aus: Siegfried Lenz, Deutschstunde,

4 Beschreiben Sie die jeweiligen Besonderheiten der verschiedenen Erzählformen: Wo ist die Stimme des Erzählers gut auszumachen, wo weniger gut? Was wissen die Erzähler vom Geschehen und den Figuren?

5 Alle drei Texte sind Anfänge von größeren Erzählungen, nämlich Romanen. In solchen Anfängen werden meist schon Andeutungen gemacht, um was es im weiteren Verlauf gehen könnte. Welche Andeutungen finden Sie hier?

Formen und Perspektiven des Erzählens

Eine kurze Geschichte *Franz Hohler*

Kommst du den Kindern noch gute Nacht sagen?, rief die Frau ihrem Mann zu, als sic um acht Uhr aus dem Kinderzimmer kam.

Ja, rief der Mann aus seinem Arbeitszimmer, ich muss nur noch den Brief zu Ende schreiben.

Er kommt gleich, sagte die Mutter zu den Kindern, die beide noch aufgerichtet in ihren Betten saßen, weil sie dem Vater zeigen wollten, wie sie die Stofftiere angeordnet hatten. Als der Vater mit dem Brief fertig war und ins Kinderzimmer trat, schliefen die Kinder schon.

aus: Theorie und Praxis des Erzählens, Stuttgart 1993, S. 78

Diese Geschichte kann von verschiedenen Standpunkten aus erzählt werden. Wenn es solche sind, die auch in der Erzählung selbst vorkommen, spricht man von Figurenperspektiven, in diesem Fall die Kinder, Vater und Mutter. Diese Perspektiven können in verschiedenen Erzählformen vermittelt werden: Die Figuren können selbst erzählen (Ich-Form) oder ein Erzähler erzählt (Er-/Sie-Form). Dabei kann die Sicht einer oder mehrerer Figuren eingenommen und vermittelt oder ganz neutral erzählt werden, aus einer objektiven Sicht.

6 Erzählen Sie die Geschichte in verschiedenen Erzählformen und aus unterschiedlichen Erzählperspektiven.

7 Welche Unterschiede ergeben sich zwischen den verschiedenen Fassungen?

Abdankung *Heinrich Mann*

Alle wollten Fußball spielen; Felix allein bestand auf einem Wettlauf.

„Wer ist hier der Herr?“, schrie er, gerötet und bebend, mit einem Blick, dass der, den er traf, sich in einen Knäuel von Freunden verkroch.

„Wer ist hier der Herr!“ – es war das erste Wort, das er, kaum in die Schule eingetreten, mit ihnen sprach. Sie sahen verdutzt einander an. Ein großer Rüpel musterte den schmächtigen Jungen und wollte lachen. Felix saß ihm plötzlich mit der Faust im Nacken und duckte ihn.

„Weiter kannst du wohl nichts?“, ächzte der Gebändigte, das Gesicht am Boden.

„Laufe mit mir! Das soll entscheiden.“

„Ja, lauf!“, riefen mehrere.

„Wer ist noch gegen das Laufen?“, fragte Felix, aufgereckt und ein Bein vorgestellt.

„Mir ist es wurscht“, sagte faul der dicke Hans Butt. Andere bestätigten: „Mir auch.“

Ein Geschiebe entstand, und einige traten auf Felix’ Seite. Denen, die sich hinter seinen Gegner gereiht hatten, ward bange, so rachsüchtig maß er sie.

„Ich merke mir jeden!“, rief er schrill. Zwei gingen zu ihm über, dann noch zwei. Butt, der sich parteilos herumdrückte, ward von Felix vermittels einer Ohrfeige den Seinen zugesellt.

Felix siegte mit Leichtigkeit. Der Wind, der ihm beim Dahinfliegen entgegenströmte, schien eine begeisternde Melodie zu enthalten; und wie Felix, den Rausch der Schnelligkeit im pochenden Blut, zurückkehrte, war er jedes künftigen Sieges gewiss. Dem Unterlegenen, der ihm Vergeltung beim Fußball verhieß, lächelte er achselzuckend in die Augen. Als er aber das nächste Mal einen, der sich seinem Befehl widersetzte, niederwarf, war’s nur Glück, und er wusste es. Schon war er verloren, da machte sich’s, dass er loskam und dem anderen einen Tritt in den Bauch geben konnte, sodass er stürzte. Da lag der nun, wie selbstverständlich – und doch fühlte Felix, der auf ihn herabsah, noch den Schwindel der schwankenden Minute, als Ruf und Gewalt auf der Schneide standen. Dann ein tiefer Atemzug und ein inneres Aufjauchzen; aber schon murrte jemand: Bauchtritte gälten nicht. Jawohl, echote es, sie seien feige. Und von neuem musste man der Menge entgegentreten und sich behaupten. Bei den meisten zwar genügten feste Worte. Die zwei oder drei kannte Felix, mit denen er sich noch zu messen hatte; die anderen gehorchten schon. Zuweilen überkam ihn – nicht in der Schule, denn hier war er immer gespannt von der Aufgabe des Herrschens, aber daheim –, ihn überkam Staunen, weil sie gehorchten. Sie waren doch stärker! Jeder Einzelne war stärker! Wenn dem dicken Hans Butt eingefallen wäre, dass er Muskeln hatte! Aber das war auch so ein weicher Klumpen, aus dem sich alles machen ließ.

aus: Heinrich Mann, Liebesspiele.

8 Um welche Erzählform handelt es sich hier?

9 Wie vermittelt der Erzähler die Perspektiven der Figuren?

10 Schreiben Sie die Geschichte mit einem anderen Erzähler um.

Erzählhaltungen

Wie so mancher Despot, gab der Polizeipräsident sich gern weltmännisch. Nachdem der Beamte ihn unterrichtet hatte, entließ er ihn und hieß den Besucher Platz nehmen. Diesem fiel es nicht leicht, ein Lächeln aufzubringen, denn der Polizeipräsident äh-

nelte seinem Vetter Arthur, den er gleichfalls nicht mochte. Doch die Muskeln, die ein Lächeln bewirken, taten brav ihre Pflicht – es ging ja um den Pass.
„Kleine Beamte", sprach der Polizeipräsident, „sind ängstlich und meiden jede Entscheidung."

An diesem Auszug aus der Kurzgeschichte *Ein verächtlicher Blick* (S. 35 ff.) wird deutlich, wie sich durch die Art und Weise des Erzählens die Haltung des Erzählers vermittelt. Wenn der Polizeipräsident z. B. als „Despot", als Willkürherrscher also, bezeichnet wird, dann distanziert sich der Erzähler deutlich von dieser Figur.

Erzähler- und Figurenrede

Bei der Vermittlung des Geschehens durch den Erzähler werden verschiedene Formen voneinander abgegrenzt. Wenn nur die Stimme des Erzählers vernehmbar ist, wird von Erzählerrede gesprochen. Diese kann berichtend sein, kommentierend oder erörternd. Wenn die Figuren selbst zur Sprache kommen, handelt es sich um die Figurenrede, die direkt (also wörtlich) oder indirekt wiedergegeben werden kann (→ S. 33).

Zeitgestaltung

11 Um sich die Bedeutung der Zeitgestaltung in Erzähltexten vor Augen zu führen, kann folgender Versuch helfen:
- Erzählen Sie in genau drei Minuten den Verlauf der letzten großen Ferien.
- Beschreiben Sie in genau drei Minuten, wie Sie sich heute Morgen die Schuhe angezogen haben.

Bei der Zeitgestaltung wird zwischen **erzählter Zeit** (die Zeit, von der in Geschichten erzählt wird) und Erzählzeit (die Zeit, die das **Erzählen** benötigt) unterschieden. Das Verhältnis zwischen den beiden macht die Zeitbehandlung einer Erzählung deutlich. In der Regel ist die erzählte Zeit länger als die Erzählzeit: In der Geschichte *Ein verächtlicher Blick* (S. 35 ff.) wird in einigen Minuten von einem Zeitraum von mehreren Stunden erzählt. Dennoch kann man feststellen, wo die Erzählzeit im Verhältnis zur erzählten Zeit länger wird und es zur Zeitdeckung oder sogar Zeitdehnung kommt. So fällt auf, dass der Anfang und das Ende der Handlung mit der Meldung des Polizisten sowie das Gespräch des Mannes mit dem Polizeipräsidenten ausführlicher als der übrige Teil dargestellt werden. Besonders die Stellen, an denen sich das Verhältnis zugunsten der erzählten Zeit verschiebt, verdienen demnach große Aufmerksamkeit. Oft wird dort auch die Spannung gesteigert.

Räume und Orte in Erzählungen

Das erzählte Geschehen spielt sich an bestimmten Orten und Schauplätzen ab. Diese werden je nach Zusammenhang und Funktion entweder nur genannt oder eingehender beschrieben. Wie es an dem Ort des Geschehens aussieht, wie er ausgestattet ist, welche besonderen Elemente hervortreten, welche Stimmung dort herrscht (Wetter!), wird über solche Beschreibungen vermittelt. Man spricht dann von dem erzählten Raum und meint damit den Zusammenhang zwischen der Ausstattung des Ortes und der vermittelten Atmosphäre.

Ort/ Schauplatz	Ausstattung	Wetter	Pflanzen	Gebäude

12 Welche Elemente passen zusammen? Füllen Sie das Schema mit möglichen Elementen des Ortes so aus, dass sich eine überzeugende Darstellung ergibt.

Sprachliche Mittel

Bedeutung und Wirkung von Erzählweisen werden besonders auch durch die Art und Weise des Sprachgebrauchs bestimmt. Die Wahl von Formulierungen betrifft dabei vor allem die Wörter und den Satzbau.

Wortwahl

Insbesondere die Wortwahl trägt zur sprachlichen Gestaltung und Wirkung wesentlich bei. In *Ein verächtlicher Blick* wird davon erzählt, wie die Polizei besondere, eben „feiner[e]" Foltermethoden nutzt: „Gründlich angewandt, taten die Mittel meist ihre Wirkung: sie entpressten den Befragten Geständnisse, echte und falsche, wie es gerade kam, und die Polizei frohlockte." (S. 36, Z. 75ff.) Dass die Mittel ihre Wirkung tun, zeigt die Sicht und das Selbstverständnis dieser Polizei, die sowohl über echte wie falsche Geständnisse frohlockt. In dieser Beschreibung wird die Ironie besonders deutlich, die die Erzählweise der ganzen Geschichte bestimmt. Wenn an anderer Stelle von der „vermessene[n] Hast" (S. 37, Z. 134f.) des Unternehmens gesprochen wird, der dem Mann einen Posten im Ausland anbietet, dann wird damit die Sicht des Passbeamten vermittelt, der damit nicht zurechtkommt. Auch hier wird der langsame und schwerfällige Beamten- und Staatsapparat ironisiert und lächerlich gemacht.

Satzbau

Beim Satzbau kann man einfache Sätze, die nebeneinandergestellt und aneinandergereiht werden, von Satzgefügen unterscheiden, in denen Sätze über- und untergeordnet sind. Texte, in denen die Nebenordnung von Sätzen bestimmend ist, werden als parataktisch, und solche, in denen Über- und Unterordnungen vorherrschen, als hypotaktisch bezeichnet. Der Satzbau, der den Text oder die Textpassage prägt, be-

stimmt Stil und Aussage mit. Vor allem dann, wenn der Erzählstil sich ändert, fallen diese Elemente besonders ins Auge.
In der Erzählung *Ein verächtlicher Blick* sind die Abschnitte, in denen die Zeit gedehnt wird (s. o.) in parataktischem Stil geschrieben, während die eher zeitraffenden Abschnitte in hypotaktischem Stil gefasst sind. Somit wird dieser Unterschied zwischen den Teilen der Erzählung, die darstellen, wie der Polizeipräsident die Meldung des Polizisten erhält und wie er mit dem gesuchten Mann spricht und ihm den gewünschten Pass ausstellt, auch im Satzbau noch einmal deutlich. Als der Polizeipräsident schließlich erkennt, dass der Gesuchte derjenige ist, dem er selbst den Pass ausgestellt hat, und er die Verfolgung aufnimmt, wird die Dramatik dieser Fahrt vor allem durch parataktische Reihungen vermittelt: „Der Fahrer tat, was er vermochte. Er überfuhr zwei Hunde, zwei Tauben und eine Katze, er schrammte eine Straßenbahn, beschädigte einen Handwagen mit Altpapier und erschreckte Hunderte von Passanten." (S. 38, Z. 206 ff.). Der letzte Satz wiederum verringert diese Spannung wieder: „Als er sein Ziel erreichte, erhob sich weit draußen, auf die Sekunde pünktlich, das Flugzeug nach Istanbul von der Rollbahn." (S. 38, Z. 211 ff.)

13 Die Kurzgeschichte *Eis* (S. 31) wird weitgehend im parataktischen Stil erzählt. Schreiben Sie ausgewählte Passagen dieser Erzählung in hypotaktischen Stil um und prüfen Sie die jeweiligen Wirkungen der verschiedenen Fassungen. Beispiel:

Auf der Bank sitzt ein Herr, der Zeitung liest. Der junge Mann lutscht ein Eis, während er vor dem Herrn stehen bleibt.

Gattungen und Formen

Alle Gattungen und Formen des Erzählens werden zu den sogenannten *epischen Texten* gerechnet. Epische Texte waren in der Antike Erzählungen in Versen und wurden *Epen* genannt. Heute versteht man unter epischen Texten erzählende Texte. Man unterscheidet verschiedene Gattungen und Formen.

Kurzgeschichte

Es gibt keine festen Regeln für Kurzgeschichten, aber es können einige Merkmale genannt werden, die für Kurzgeschichten vor allem seit dem Ende des Zweiten Weltkriegs bis Ende der 1960er Jahre typisch sind. Kennzeichnend für diese Kurzgeschichten ist der direkte Einstieg in die Handlung, es fehlt sozusagen eine Einführung oder Einleitung. Oft gibt es keinen Abschluss, sondern ein plötzliches und offenes Ende, das somit zum Weiter- und Nachdenken auffordert. Handlung und Figuren kommen in der Regel aus dem Alltag, es finden sich keine außergewöhnlichen Charaktere. Dargestellt wird aber immer ein Konflikt, der im Verhältnis zu anderen oder in den Figuren selbst angesiedelt ist. Oft wird von einer Wende im Leben der Figuren erzählt. Eine typische Gliederung solcher Kurzgeschichten besteht aus drei bis vier Abschnitten:

- Schilderung einer Situation,
- Entwicklung des Problems oder der Spannung,
- Verzögerung der Lösung und/oder
- Lösung.

Die Lösung darf nicht als Lösung des Problems verstanden werden, sie kann gerade auch das Fehlgehen oder Scheitern einer Figur beinhalten. Die Erzählform ist häufig die des Ich-Erzählers (Rückschau, chronologische Anordnung) mit eingeschränktem Wissen für den Leser. Er erfährt oft nicht mehr (sogar weniger) als der Ich-Erzähler zum Zeitpunkt des Geschehens weiß. Andere Kurzgeschichten haben einen Er- bzw. Sie-Erzähler. Manchmal erzählt er in einem Bewusstseinsstrom einer oder mehrerer Personen oder er verhält sich wie ein völlig neutraler Beobachter, ohne die Gedanken und Gefühle seiner Figuren preiszugeben.
Ein wesentliches Kennzeichen ist natürlich die Kürze. Gemeint ist damit nicht nur die Länge des Textes, sondern auch der einfache Aufbau mit wenigen Figuren in einem überschaubaren zeitlichen und räumlichen Rahmen.
In Deutschland entstanden besonders in der Nachkriegszeit bedeutende Kurzgeschichten z.B. von Wolfgang Borchert, Heinrich Böll, Wolfdietrich Schnurre, Ilse Aichinger, Hans Bender, Elisabeth Langgässer, Alfred Andersch, Marie Luise Kaschnitz, Siegfried Lenz und Gabriele Wohmann.

Roman und Novelle

Als längste und umfangreichste Form erzählender Literatur steht der Roman in der Tradition des antiken Epos, das die Erfahrung des Lebens und der Welt vermitteln wollte. Der Roman kann viele verschiedene Erzählformen und Elemente aller literarischen Gattungen enthalten und miteinander vermischen. So können Romane längere Dialoge wiedergeben und sich so einem Drama nähern. In den Romanen der Romantik finden sich auch viele Gedichte. Romane können ganz verschiedene Stoffe, Themen und Motive verarbeiten. Eine Novelle ist eine kürzere, oft symbolisch verstehbare Erzählung über ein außergewöhnliches Ereignis.

Parabel

Der Begriff *Parabel* für eine bestimmte Art von Erzähltexten geht auf das griechische Wort *parabole* (Gleichnis) zurück. Parabeln erzählen Geschichten, die sich auf einen konkreten Sachverhalt beziehen, der sich aber auf eine andere, meist allgemeinere Ebene übertragen lässt. Auf diese Weise wird eine Erkenntnis, Lehre oder auch Kritik vermittelt. Die beiden Bereiche, die in der Erzählung aufeinander bezogen werden, nennt man *Bildebene* und *Sachebene*. Oft werden beide genannt und direkt miteinander in Verbindung gebracht. In modernen Parabeln bleibt die Sachebene aber oft auch ungenannt, sodass die Leser diese selbst finden müssen.

Satirische Formen

Es gibt annähernd so viele Bestimmungen der satirischen Schreibweise, wie es Satiriker gibt, und keine Bestimmung trifft auf die Gesamtheit der Satiren zu. Ihre Ge-

genstände, Mittel und Funktionen wandeln sich im Laufe der Geschichte. Es ist daher unmöglich, sie scharf von der *Komik*, der *Parodie* oder der *Polemik* zu trennen. Die Satire kann folgende Funktionen haben:
Kritik, Polemik (einseitiger, unsachlicher Angriff), direkte oder indirekte Belehrung und Unterhaltung.
Die Satire bedient sich häufig der Übertreibung, stellt Widersprüche gegenüber und zeigt Einstellungen und Verhalten von Menschen in überzogener Weise, verzerrt Sachverhalte, vergleicht sie mit einem Idealzustand und gibt ihren Gegenstand der Lächerlichkeit preis. Die Kurzgeschichte *Ein verächtlicher Blick* (S. 35ff.) ist ein Beispiel für diese Erzählweise.

Lösungen beurteilen – Aufgabenstellungen bearbeiten

1. Geben Sie das erzählte Geschehen in der folgenden Kurzgeschichte in eigenen Worten wieder.

2. Beschreiben Sie die Beziehungen zwischen den Jungen und erläutern Sie, mit welchen erzählerischen Mitteln diese dargestellt werden.

3. Welche Voraussetzungen müssen gegeben sein, damit die Lösung des Konflikts so möglich wird wie in der Erzählung dargestellt?

Der Sieger *Erich Junge*

Vielleicht hatte er erwartet, als er uns jetzt herausfordernd der Reihe nach anblickte, dass wir über seine Niederlage in lauten Jubel ausbrechen würden? – Aber wir taten ihm den Gefallen nicht; wir hatten uns alle gut in der Gewalt, denn es war gefährlich, ihn zu reizen.

Wir mochten ihn nicht, diesen Kraftprotz, der, wenn er einmal den Mund aufmachte, was höchst selten geschah, von nichts anderem sprach als von seinen Kräften, vom Expanderziehen, Gewichtheben, Ringen und Boxen. Diese Niederlage hatte er verdient, und es gab wohl keinen unter uns, der sie ihm nicht von Herzen gönnte.

Es herrschte eine Art Spannung, die jeder spürte, und die doch jeder zu ignorieren versuchte, und von der man nicht wusste, wie sie sich lösen würde; aber es war klar, dass dies hier nur der Anfang war, dazu kannten wir ihn zu genau. Wir hatten vor allem etwas Angst um Bert, der so unbeschwert glücklich war, weil er den Fünfkampf gewonnen hatte und an nichts anderes mehr denken konnte.

Erst als Dr. Brenner vom unteren Ende des Platzes heraufkam (er hatte sich von dem letzten, entscheidenden Wurf Berts persönlich überzeugt), wirkten alle ein bisschen gelöster.

„Großartig", sagte er, „Riedel, das haben Sie großartig gemacht", und er schüttelte Bert die Hand. Und dann gingen wir alle hin und schüttelten ihm die Hand, klopften ihm auf die Schulter und sagten „prima" oder „fabelhaft hast du das hingekriegt, alter Junge", wie man das so sagt mit siebzehn, achtzehn.

„Dannwitz“, sagte Dr. Brenner, „gehen Sie hin und gratulieren Sie ihm!“

Dannwitz blieb stehen und rührte sich nicht, den kräftigen, muskulösen Oberkörper nach vorn geneigt, mit unruhig hin und her pendelnden Armen stand er da und rührte sich nicht, tat keinen Schritt, und als Bert von sich aus auf ihn zuging, drehte er sich um, zeigte sein breites Kreuz und zog sich umständlich die Trainingsjacke über den Kopf.

Vielleicht hatte der Lehrer es nicht bemerkt; er tat jedenfalls so, zog den Notizblock hervor und rechnete die Punkte noch einmal zusammen. Außerdem hatte er es eilig, er musste die Siegerurkunden ausschreiben, denn heute Abend war Schulfest, und da sollten sie verteilt werden. Wir hatten geduscht und fühlten uns wunderbar erfrischt und dachten im Augenblick an nichts anderes mehr als an den kommenden Abend.

Wir gingen über den sonnenbeschienenen Platz, hatten die Trainingsblusen über dem Arm, und Bert ging in der Mitte, zwischen Bruno und mir. „Wie hast du das nur gemacht?“, fragte Bruno.

„Es war Technik“, sagte Bert, „ich habe viel geübt, und vor allem habe ich mir genau angesehen, wie es die Diskus- und Speerwerfer machen. Jeder von euch kann das ebenso gut.“

„Na, na“, sagte Bruno, „und Dannwitz, hast du den gesehen?“

„Der ist viel stärker als ich“, sagte Bert, „aber er macht es eben nur mit der rohen Kraft, wenn der noch die richtige Technik beherrschte, wäre er nicht zu schlagen.“ Die Straßen waren kühl und mittagsleer, aber wir gingen am Rande der Stadt entlang zum Fluss hinunter, den Weg, der von Büschen und einem hüfthohen Zaun umsäumt war und über den Ameisen und blitzende kleine Käfer liefen. Wir hatten es gar nicht bemerkt, dass er uns gefolgt war, denn wir sprachen über den Abend und über das Fest und über das Mädchen, das jeder von uns eingeladen hatte. Mit einem Mal war er plötzlich da. Sein Schatten lag breit und gefährlich vor unseren Füßen. Wir standen wie auf Kommando still. Sein Atem ging keuchend, und wir froren, als wir ihm ins Gesicht sahen. Der Weg lief hier in eine Wiese hinein, durch die ein kleines Gewässer plätschernd zum Fluss hinunterglitt. Eine Ziege lag in der Wiese, starr, wie ein weißer Fleck. Bert hatte gerade gesagt: „Sie hat mir versprochen, dass sie kommt.“

Dannwitz’ Adamsapfel ging auf und nieder, sein Gesicht war schweißnass, und die Haare hingen ihm wie Fransen in die Stirn. „Ihr seid doch drei“, sagte er kaum hörbar, „kommt, ihr seid doch drei ...“ Niemand antwortete.

Nach einer Weile sagte Bert: „Geht man, geht man nach Hause, ich will nicht, dass ihr da hineingezogen werdet.“ Er schob uns zur Seite und stellte sich mit hängenden Armen hin. „Nun fang an“, sagte er flüsternd. „Ich wehre mich nicht einmal, ich weiß, dass es keinen Zweck hat, sich zu wehren, also, fang an ...“

Die Glocken der Michaeliskirche läuteten plötzlich über den Mittag hin. Die Ziege erhob sich träge und kam langsam an den Weg heran. Dannwitz stand da, mit geballten Fäusten und einem flackernden Licht in den Augen, das aber langsam erlosch. Sein Unterkiefer fiel herab, was seinem Gesicht einen merkwürdig hilflosen Ausdruck verlieh, seine breiten Schultern sackten zusammen, die Fäuste lösten sich, und wahrhaftig, er weinte.

Wir sahen es fassungslos.

Und dann, so plötzlich, wie er gekommen war, drehte er sich auf dem Absatz herum und trabte davon mit schwankenden Schritten, wie ein großer, verwundeter Bär.

„Er hat geweint", sagte ich zu Hause bei Tisch. „Nie hätten wir so etwas für möglich gehalten."

„Seit wann ist er bei euch?", fragte der Vater.

„Ich glaube, seit anderthalb Jahren, aber wir mochten ihn nicht, von Anfang an mochten wir ihn nicht, ganz besonders nicht, als er anfing, seine Kräfte auszuspielen."

„Womit hätte er euch sonst imponieren sollen?"

„Imponieren?"

„Na ja, was sonst", sagte mein Vater. „Ihr seid doch eine Clique, nicht wahr, ihr kennt euch seit zehn und mehr Jahren. Er kam dazu, ein Fremder, einer, der neu war, ist es nicht so?"

Ich schwieg.

Es war Abend und der Abend war mild und weich. Sie hatten bunte Lampions aufgehängt, die Musiker waren schon da, und ich freute mich auf jeden und auf alles. Und da sah ich ihn stehen, er stand unter den Buchen, nicht vom Licht des Festplatzes getroffen, er stand da, wesenlos, wie ein Schatten, und ich erkannte nur die Konturen seines Gesichtes. Ich ging schweigend an ihm vorbei, aber mein Herz schlug mir im Halse. Hatte ich etwa Angst? Nein, Angst war es nicht, was mir die Kehle zuschnürte.

Bert rief mich an. „Die Mädchen sind da", sagte er. Die anderen kamen hinzu, der Kreis war geschlossen. Ich blickte verstohlen zu den dunklen Buchen hin. Ich ging fort und setzte mich an einen Tisch, über dem ein roter Mond baumelte. Ich stieß den Mond mit dem Finger an, und er schaukelte hin und her. „Was ist?", fragte Bert, und er setzte sich neben mich.

Ich zuckte mit den Schultern. „Er steht da", sagte ich nach einer Weile und wies mit dem Kopf in die Richtung der Buchen. „Du kannst seinen Schatten sehen, mehr nicht, er steht da, als ob er nicht zu uns gehörte." Wir schwiegen beide. Der Mond über uns schwang hin und her. „Ich würde es versuchen", sagte ich dann, „aber ich kann es nicht, deinetwegen."

„Was soll ich denn tun?"

„Hör zu, Bert, wir haben ihm niemals eine Chance gegeben, niemals, ich glaube, das ist es!"

„Gut", sagte Bert und stand auf.

„Falls du es vergessen haben solltest", rief ich ihm nach, „er heißt Werner." Ich weiß nicht, was sie miteinander gesprochen haben, ich will es auch nicht wissen. Aber sie kamen zusammen zwischen den Bäumen hervor, lässig gingen sie nebeneinander, als sei es schon immer so gewesen, und ich dachte, wer von ihnen hat nun eigentlich heute gewonnen?

Der Mond über mir stand still. Ich gab ihm noch einen kräftigen Schubs. Als wir zu dritt den Festplatz erreichten, begann die Musik zu spielen.

aus: Westermanns Monatshefte 5 (1958), Westermann, Braunschweig 1958

Lösungsbeispiel

1. In der Kurzgeschichte *Der Sieger* von E. Junge geht es um das Dazugehören oder Ausgeschlossensein. Es wird von einem Sportwettkampf erzählt, den überraschenderweise nicht der Stärkste der Jungen gewinnt, sondern ein anderer. Dadurch entsteht eine schwierige Situation, da der sehr ehrgeizige Werner Dannwitz Bert Riedel den Sieg nicht gönnt. Die Freunde von Bert rechnen mit der Rache von Dannwitz, doch dieser wendet sich bloß weinend und völlig gebrochen ab. Einer der Jungen berichtet den Vorfall zu Hause, wo sein Vater darauf hinweist, dass sie als Gruppe den neu in die Klasse gekommenen Dannwitz nicht aufgenommen haben. Auf dem Weg zu dem am Abend stattfindenden Fest holt Bert den allein gebliebenen Dannwitz in die Gruppe, und gemeinsam gehen sie auf das Fest.
2. Der Gruppe der Jungen mit dem Ich-Erzähler, Bert Riedel und Bruno steht Werner Dannwitz gegenüber. Werner ist neu in die Klasse gekommen und hat offensichtlich versucht, seine körperliche Stärke zu nutzen, um den Jungen zu imponieren. Dennoch hat dies nicht dazu geführt, dass er in die Gruppe aufgenommen wurde. Er bleibt weiterhin allein, und um diese fehlende Zugehörigkeit auszugleichen, hat er körperliche Gewalt gewählt. Als dies nicht mehr gelingt, macht sich Hilflosigkeit breit, die hier durch das Weinen deutlich gemacht wird. Als Werner den Wettkampf verliert, verliert er auch die Grundlage, auf der er seine Position in der Klasse und gegenüber der Gruppe der Jungen aufgebaut hatte.
   Als er dies erkennen muss, bricht seine auf körperliche Kraft gegründete Persönlichkeit gleichsam zusammen. Seine Schwäche, die er nun zeigt, ist in der Geschichte der Auslöser, dass die Jungen über ihr Verhältnis zu Werner und ihr Verhalten nachdenken. Eine Schlüsselstelle dafür ist der Satz „... und ich dachte, wer von ihnen hat nun eigentlich heute gewonnen?" (Z. 198f.). Die Geschichte zeigt, dass Konflikte durch Einfühlung gelöst werden können. Solche Lösungen kennen keine Verlierer.
   Das Gespräch des Ich-Erzählers mit seinem Vater fördert dieses Nachdenken und das Eindenken und Einfühlen in den Anderen und dessen Sicht der Dinge (Empathie). Der Vater führt durch seine Fragen den Sohn zu der Einsicht, dass Werner Dannwitz auf die körperlichen Leistungen setzt, weil er seinen sozialen Stellenwert in der Klasse sichern will, um das Ausgeschlossensein durch die Klassengemeinschaft als soziale Gruppe zu kompensieren. Zunächst schweigt der Sohn, was ein Zeichen dafür ist, dass ihm die Fragen des Vaters zu denken geben. Dass er sich entschlossen hat, auf Werner Dannwitz zuzugehen, deutet sich dort an, wo er auf dem Weg zum Fest auf Werner trifft: „Ich ging schweigend an ihm vorbei, aber mein Herz schlug mir im Halse. Hatte ich etwa Angst? Nein, Angst war es nicht, was mir die Kehle zuschnürte." (Z. 162ff.) Diesen Entschluss setzt er in die Tat um. Bemerkenswert ist, dass jetzt erst der Vorname „Werner" erwähnt wird. Vorher ist nur von „Dannwitz" die Rede.
   Erzählt wird dieses Geschehen aus der Sicht eines Ich-Erzählers, der selbst an dem Geschehen beteiligt ist. Wie es für eine Kurzgeschichte typisch ist, setzt die Erzählung unmittelbar ein, ohne besondere Einführung wird sogleich die Situation nach dem entscheidenden Wurf von Bert Riedel erzählt. Nachdem Bert am Abend

Werner in die Gruppe geholt hat, endet die Erzählung ebenso unvermittelt. Ein weiteres charakteristisches Merkmal der Kurzgeschichte ist es, dass in der Regel eine entscheidende Situation oder Wendung im Leben der erzählten Figuren dargestellt wird. Dies ist auch hier der Fall: Die Jungen beziehen nun Werner Dannwitz, vor dem sie zunächst nur Angst hatten und den sie bisher ausgeschlossen hatten, in ihre Gruppe ein.

Die Gliederung des Textes ist dreiteilig: Nach der Konfrontation der Jungen mit Werner Dannwitz auf dem Sportplatz und dem Weg nach Hause folgt das Gespräch in der Familie des Ich-Erzählers, den Schluss bildet die Lösung auf dem Weg zu dem Schulfest.

Besonders wichtig sind dabei das innere Geschehen und die innere Entwicklung des Ich-Erzählers. Der Wendepunkt in der Geschichte ist das Gespräch des Ich-Erzählers mit seinem Vater, in dem dieser dem Sohn Fragen stellt, die zum Nachdenken und schließlich zu der Lösung des Konflikts führen.

Das innere Geschehen wird einmal durch die Gedanken des Ich-Erzählers dargestellt. An vielen Stellen wird es zudem durch die Beschreibung des Verhaltens der anderen Figuren deutlich, vor allem dort, wo die nicht-sprachliche Kommunikation beschrieben wird, z. B.: „Dannwitz blieb stehen und rührte sich nicht, den kräftigen, muskulösen Oberkörper nach vorn geneigt, mit unruhig hin und her pendelnden Armen stand er da und rührte sich nicht, tat keinen Schritt, und als Bert von sich aus auf ihn zuging, drehte er sich um, zeigte sein breites Kreuz und zog sich umständlich die Trainingsjacke über den Kopf." (Z. 43 ff.)

3. Die Geschichte behandelt das Verhältnis von Einzelnen zu einer Gruppe. Werner Dannwitz gilt zwar als gefürchteter Starker, doch er bleibt von der Gemeinschaft der Gruppe ausgeschlossen. So wird deutlich, dass sein Verhalten auch mit dieser Ablehnung oder sogar Isolation zu tun hat. Andere Möglichkeiten, als mit seiner körperlichen Stärke den anderen zu imponieren, hat er offensichtlich nicht. In dem Moment, in dem er mit dieser Strategie erfolglos bleibt (Verlieren des Wettkampfes), bricht seine ganze Persönlichkeit zusammen. Nun ist er der Schwächere und die anderen könnten über ihn triumphieren. Doch ist diese Entwicklung für sie so überraschend, dass der Ich-Erzähler beginnt, über die Beziehung zwischen ihnen als Gruppe und dem Außenseiter gebliebenen Werner nachzudenken.

   Die zweite wichtige Voraussetzung für die Entwicklung der Lösung ist, dass Werner vor der Gruppe seine Schwäche gezeigt hat. Absehen von Gewalt und Verzicht darauf, die Schwäche eines anderen auszunutzen, sind die wichtigsten Aspekte dabei. Ohne das Gespräch des Ich-Erzählers jedoch, das dieser mit Bert führt, der schließlich auf Werner zugeht, mit ihm spricht und in die Gruppe aufnimmt, wäre die Lösung des Konflikts nie möglich geworden. Das Gespräch und den Austausch zu suchen sind damit weitere Voraussetzungen. Die Geschichte führt diese ideale Entwicklung vor; in der Realität sind oft andere zu beobachten, da die genannten Voraussetzungen nicht erfüllt sind.

Rechtschreibung und Zeichensetzung

Wenn Sie Ihre Rechtschreibung und Zeichensetzung verbessern wollen, müssen Sie wissen, wo Ihre Schwierigkeiten liegen. Denn häufig machen Schreibende gleichartige Fehler. Dementsprechend ist es sinnvoll, die Rechtschreib- und Zeichenfehler bestimmten Bereichen zuzuordnen, z. B. Groß- und Kleinschreibung, einfacher oder doppelter Konsonant usw. Wenn Sie diese Kennzeichnung der Fehler vorgenommen haben, können Sie gezielt trainieren, was Sie verbessern wollen. So verringern Sie auf Dauer die Zahl Ihrer Fehler immer weiter.

1. Lesen Sie den folgenden Text aufmerksam und streichen Sie die Wörter durch, die nach Ihrem Sprachgefühl falsch geschrieben sind.

2. Vergleichen Sie Ihre Lösung mit der Lösung auf S. 56. Kennzeichnen Sie in den Fällen, in denen Ihr Sprachgefühl nicht den Regeln der Rechtschreibung entsprach, den entsprechenden Bereich in der Randspalte. Auf diese Weise erhalten Sie eine erste Übersicht über die Bereiche, an denen Sie arbeiten sollten.

Lebensraum Stadt – Wo zahlreiche Tierarten zu Hause sind

Die meisten/meißten Städte verfügen über eine so große Vielfalt an Lebensräumen, dass man sie in dieser Hinsicht/in dieser hinsicht sogar mit Korallenriffen und Regenwäldern vergleichen kann. In den letzten Jahrzehnten haben sich die natürlichen Lebensbedingungen vieler Wildtiere stark verschlechtert. Immermehr/Immer mehr Tiere weichen in die Städte aus. Als Faustregel gilt: Je größer/grösser die Stadt, desto mehr Tierarten werden gesichtet. In Berlin zum Beispiel/zum beispiel leben inzwischen 180 Vogelarten und 50 verschiedene Säugetiere. Mitten in der Stadt kann einem/Einem schon mal ein Wildschwein oder ein Waschbär über den Weg laufen. Selbst der seltene Wanderfalke ist im Inneren der Stadt/im inneren der Stadt seit kurzem/seit Kurzem heimisch geworden. Wer heutzutage/heut zutage in New York City lebt, kann immer wieder Zeuge eines atemberaubenden/Atem beraubenden/atem beraubenden Schauspiels werden: Wanderfalken stürzen/stürtzen sich mit Geschwindigkeiten von bis zu 300 Kilometern pro Stunde von den Dächern der Wolkenkratzer in die Straßenschluchten hinab. Für andere

Kennzeichnung

s-Laut

Groß- und Kleinschreibung

Getrenntschreibung

s-Laut

...

gefiederte Stadtbewohner bedeutet das höchste Gefahr: Denn Wanderfalken fangen ihre Beute im Fluk/im Flug. Ganz oben/Oben auf ihrem Speisezettel stehen die Stadttauben. Großstädte bieten dem Wanderfalken geradezu/gerade zu paradiesische Lebensbedingungen: unerschöpfliche/unerschöffliche Nahrungsquellen, sichere Plätze für die Aufzucht der Jungen/jungen und keine natürlichen Feinde.

In Deutschland gehört der Wanderfalke zu den seltensten/seltendsten Tieren überhaupt/überhaubt. Bereits in den 70er Jahren stand er kurz vor dem Aussterben: Damals war das Pestizid/Pestizit DDT noch erlaubt, das/dass über die Nahrungskette von Insekten über Kleinvögel bis zu den Falken gelangte. Das DDT störte ihren Kalkhaushalt so stark, das/dass die Schalen ihrer Eier zu dünn wurden. Kaum eine Brut/Bruht war noch erfolgreich, da die Eierschalen meist frühzeitig/frühzeitig/früh zeitig zerbrachen. Inzwischen gibt es wieder ungefähr 450 Brutpaare in Deutschland. Und es laufen viele Versuche, den Wanderfalken in deutschen Städten anzusiedeln.

Wenn in den Häusern seiner unfreiwilligen Mitbewohner die Lichter ausgehen, wird er munter: der Waschbär. Aus Löchern, die er ins Dach genagt hat, aus Kaminen/Kamienen oder Gartenlauben klettert er ins Freie/ins freie und geht auf Nahrungssuche. Waschbären sind sehr Anpassungs fähige/anpassungsfähige, neugierige und sympathische/sympatische Tiere. Außerdem sind sie Allesfresser/alles Fresser/Allesfreßer – eine gute Voraussetzung für das Leben in der Stadt. In Nordamerika sind die kleinen Bären längst zur Plage/plage geworden: Sie verwüsten Dächer, Gärten, Obst- und Gemüsepflanzungen. Mit Vorliebe durchwühlen sie Mülltonnen. Abgesehen von dem Lärm, den sie dabei veranstalten, hinterlassen sie den Anwohnern meist ein regelrechtes/Regel rechtes Schlachtfeld.

Lebensraum Stadt – Wo zahlreiche Tierarten zu Hause sind; nach: www.weltderwunder.de (Artikel aus April 2002)

Um Ihre Rechtschreibung zu verbessern, müssen Sie über folgende Kenntnisse und Fähigkeiten verfügen:

- **Rechtschreibstrategien**, um gezielt die richtige Rechtschreibung zu überprüfen, z. B. Stammprinzip, Verlängerung von Wörtern, Bedeutungen hinterfragen, Ableitungen von Fremdwörtern etc.
- sicherer **Umgang mit dem Wörterbuch**, insbesondere Nachschlagen, Nutzung der Rechtschreibüberprüfung am PC

- grundlegende **Rechtschreibkenntnisse** in folgenden Bereichen:
  - Groß- und Kleinschreibung
  - Getrennt- und Zusammenschreibung
  - Schreibung des s-Lauts
  - Schreibung nach kurzen Vokalen
  - Schreibung von Fremdwörtern

Rechtschreibstrategien kennen und anwenden

Rechtschreibstrategien helfen Ihnen, in Zweifelsfällen zu entscheiden, wie ein Wort richtig geschrieben wird. Folgende Rechtschreibstrategien sollten Sie kennen und anwenden:

- Wörter verlängern

Wenn Sie nicht sicher sind, wie ein Wort am Ende geschrieben wird, ist es oft hilfreich, das Wort zu verlängern, indem Sie

- ein Adjektiv vor ein Substantiv/Nomen setzen: *freiwillig, freiwillige Helfer*
- bei Verben den Infinitiv bilden: *das Schiff sinkt, sinken; gelang, gelingen*
- bei Substantiven/Nomen den Plural bilden: *der Flug, die Flüge*
- bei zusammengesetzten Wörtern das Wort in seine Teile zerlegen und die Teile entsprechend verlängern: *frühzeitig = früher + zeitig*

- den Wortstamm überprüfen

Häufig können Sie die richtige Schreibweise aus Wörtern erschließen, die auf denselben Wortstamm zurückzuführen sind: *Brut, brüten, Brutplatz; stürzen, Sturz, gestürzt*

- Wortbedeutungen in den Blick nehmen

erwidern meint, etwas einer Aussage entgegensetzen und nicht etwas wiederholen

- Fremdwörter ableiten

- Bei Wörtern, die aus dem Griechischen übernommen wurden, finden Sie häufig die Schreibweise *th* und *rh*: *Sympathie, These, Rhythmus*
- Fremdwörter erkennt man häufig an ihren Suffixen (Endsilben):
  ...-iv (innovativ, aktiv), ...-age (Blamage, Spionage), ...-eur/eurin (Friseur/Friseurin), ...-tion (Kapitulation, Faszination), ...ik (Hektik, Akrobatik), ...ine (Vitamine, Apfelsine), ...ur (Tastatur, Registratur), ...ie (Philosophie, Theologie)

Mit dem Wörterbuch umgehen

Wörterbücher helfen Ihnen, richtig zu schreiben. Dafür müssen Sie sich im Umgang mit Wörterbüchern üben, um sie dann gezielt einsetzen zu können.
Die meisten Wörterbücher enthalten einen Regelteil und ein Wörterverzeichnis. Folgende Grundkenntnisse benötigen Sie dafür:

Im **Regelteil** finden Sie Hinweise zu allgemeinen Regeln der Rechtschreibung und Zeichensetzung. Hier können Sie unter bestimmten Stichwörtern nachsehen, wenn Sie ein Problem haben, welches sich durch das Nachschlagen eines Wortes allein nicht klären lässt, z. B.: *Wann schreibt man Adjektive groß? Werden zwei Verben, die aufeinanderfolgen, immer auseinandergeschrieben?*

Im **Wörterverzeichnis** finden Sie die einzelnen Wörter in ihrer jeweils richtigen Schreibweise. Das Wörterverzeichnis ist alphabetisch sortiert. Darüber hinaus erhalten Sie hier Angaben zu folgenden Fragen:
- Wie funktioniert die Silbentrennung?
- Wie wird das Wort ausgesprochen?
- Wie wird der Plural gebildet?
- Wie werden einzelne Kasus (Fälle) gebildet?
- Welches Genus (Geschlecht) hat das Wort?
- Aus welcher Sprache stammt das Wort?

Beispiel: **Character**

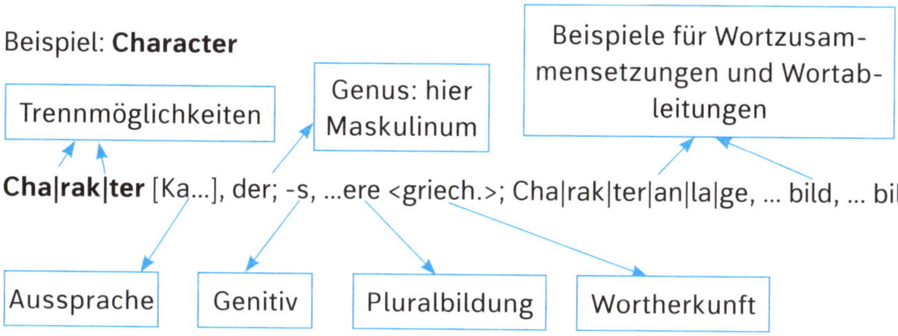

1 Klären Sie, wie Sie folgende Wörter richtig schreiben. Schlagen Sie im Zweifelsfall in einem Wörterbuch nach:
Inventar/Inwentar, Rhythmus/Rythmus, die Jogurte/die Jogurths

TIPP

Immer wenn Sie unsicher sind, wie ein Wort geschrieben wird, und die Ihnen bekannten Rechtschreibstrategien nicht helfen, sollten Sie im Wörterbuch nachschlagen. Das fördert Ihr Sprachgefühl und Sie werden mit der Zeit immer sicherer in der Rechtschreibung werden.

Die Rechtschreibung am PC überprüfen

Die gängigen Textverarbeitungsprogramme verfügen über Möglichkeiten zur Überprüfung der Rechtschreibung. Wenn Sie am PC eine Arbeit anfertigen, sollten Sie die Rechtschreibüberprüfung aktivieren, um mögliche Fehler zu vermeiden bzw. direkt korrigieren zu können.
In Zweifelsfällen, z.B. bei bestimmten Formen der Getrennt- und Zusammenschreibung und der Groß- und Kleinschreibung, sollten Sie aber nicht allein auf die Rechtschreibüberprüfung vertrauen, sondern weitere Rechtschreibstrategien oder ein Wörterbuch hinzuziehen. Die digitale Rechtschreibüberprüfung kann z.B. nicht unterscheiden, ob es sich um *sitzenbleiben* in der Bedeutung von „nicht versetzt werden" oder *sitzen bleiben* im Sinne von „auf einem Stuhl sitzen bleiben" handelt.

Lernstrategien – Groß- und Kleinschreibung

- Signalwörter einsetzen:

Vor Wörtern, die großgeschrieben werden, können Sie Signalwörter einsetzen. Signalwörter sind:

- bestimmte oder unbestimmte Artikel: *<u>das</u> Einmalige, <u>ein</u> Auserwählter*
- Pronomen: *<u>dieses</u> Lernen, <u>jenes</u> Nachdenken*
- Numerale (Zahlwörter): *<u>fünf</u> Reiche, <u>allerlei</u> Bedenken, <u>kein</u> Geringerer*
- Präpositionen mit und ohne Artikel: *<u>im</u> Allgemeinen, <u>zum</u> Beispiel, <u>in dem</u> Bereich, <u>ohne</u> Hilfe*
- Adjektive: *<u>lautes</u> Lachen, <u>kurzes</u> Aufschreien, <u>sehnsüchtige</u> Blicke*

- Grundregeln merken:
  - Großgeschrieben werden Substantive/Nomen und alle Wörter, die wie Substantive gebraucht werden.

Lernstrategien: Getrennt- und Zusammenschreibung

- Grundregeln merken

Wenn die Wortzusammensetzung eine neue Bedeutung annimmt, die über die Bedeutung der einzelnen Wörter hinausgeht, handelt es sich zumeist um eine Zusammensetzung, die zusammengeschrieben wird (*bitterböse, standhalten*).

- Fugenelemente erkennen

Bei Adjektiven können Sie viele Zusammensetzungen an der Verwendung eines Fugenelements erkennen, zum Beispiel: *alter<u>s</u>schwach, sonne<u>n</u>arm*.

Lösung zu S. 52:

Lebensraum Stadt – Wo zahlreiche Tierarten zu Hause sind

Die meisten Städte verfügen über eine so große Vielfalt an Lebensräumen, dass man sie in dieser Hinsicht sogar mit Korallenriffen und Regenwäldern vergleichen kann. In den letzten Jahrzehnten haben sich die natürlichen Lebensbedingungen vieler Wildtiere stark verschlechtert. Immer mehr Tiere weichen in die Städte aus. Als Faustregel gilt: Je größer die Stadt, desto mehr Tierarten werden gesichtet. In Berlin zum

Beispiel leben inzwischen 180 Vogelarten und 50 verschiedene Säugetiere. Mitten in der Stadt kann einem schon mal ein Wildschwein oder ein Waschbär über den Weg laufen. Selbst der seltene Wanderfalke ist im Inneren der Stadt seit kurzem heimisch geworden. Wer heutzutage in New York City lebt, kann immer wieder Zeuge eines atemberaubenden Schauspiels werden: Wanderfalken stürzen sich mit Geschwindigkeiten von bis zu 300 Kilometern pro Stunde von den Dächern der Wolkenkratzer in die Straßenschluchten hinab. Für andere gefiederte Stadtbewohner bedeutet das höchste Gefahr: Denn Wanderfalken fangen ihre Beute im Flug. Ganz oben auf ihrem Speisezettel stehen die Stadttauben. Großstädte bieten dem Wanderfalken geradezu paradiesische Lebensbedingungen: unerschöpfliche Nahrungsquellen, sichere Plätze für die Aufzucht der Jungen und keine natürlichen Feinde.

In Deutschland gehört der Wanderfalke zu den seltensten Tieren überhaupt. Bereits in den 70er Jahren stand er kurz vor dem Aussterben: Damals war das Pestizid DDT noch erlaubt, das über die Nahrungskette von Insekten über Kleinvögeln bis zu den Falken gelangte. Das DDT störte ihren Kalkhaushalt so stark, dass die Schalen ihrer Eier zu dünn wurden. Kaum eine Brut war noch erfolgreich, da die Eierschalen meist frühzeitig zerbrachen. Inzwischen gibt es wieder ungefähr 450 Brutpaare in Deutschland. Und es laufen viele Versuche, den Wanderfalken in deutschen Städten anzusiedeln.

Wenn in den Häusern seiner unfreiwilligen Mitbewohner die Lichter ausgehen, wird er munter: der Waschbär. Aus Löchern, die er ins Dach genagt hat, aus Kaminen oder Gartenlauben klettert er ins Freie und geht auf Nahrungssuche. Waschbären sind sehr anpassungsfähige, neugierige und sympathische Tiere. Außerdem sind sie Allesfresser – eine gute Voraussetzung für das Leben in der Stadt. In Nordamerika sind die kleinen Bären längst zur Plage geworden: Sie verwüsten Dächer, Gärten, Obst- und Gemüsepflanzungen. Mit Vorliebe durchwühlen sie Mülltonnen. Abgesehen von dem Lärm, den sie dabei veranstalten, hinterlassen sie den Anwohnern meist ein regelrechtes Schlachtfeld.

Selbstdiagnose Zeichensetzung

1 Lesen Sie den Text und markieren Sie die Zeichenfehler.

Mein Leipzig. Liebeserklärung an eine besondere Stadt

In Anlehnung an Claudius Nießen

Wenn wir einen Tag richtig gut anfangen wollen hier in Leipzig dann gehen mein Hund ein zweijähriger Mischling und ich ins Café Grundmann. Ich trinke dann einen Milchkaffee und ein Glas Quittenschorle mein Hund liegt unter dem Tisch den Kopf auf die Pfoten gelegt und wir beobachten das Kaffeehaus-Treiben. Max uns geht es doch richtig gut sage ich dann oft zu ihm und streichle ihm über den Kopf. Max liebt es gestreichelt zu werden. Im Grundmann geht es schon morgens hoch her. Und wir sind nicht die Einzigen in Leipzig die das Wiener-Kaffeehaus-Ambiente die flinke Bedienung das Frühstück die verschiedenen Kaffeesorten die leckeren Kuchen und die kleinen Speisen zu schätzen wissen. Nirgendwo freut sich mein Hund so auf sein Wasser wie hier. Vom Grundmann kommen wir wenn wir einen kleinen Bogen gehen auf dem Weg zum Literaturinstitut durch den Clara-Zetkin-Park. Mein Hund liebt den Park genauso wie ich. Vor Freude läuft er am liebsten ohne nach links und rechts zu schauen jedem Jogger vor die Füße. Der tut nix rufe ich dann und füge noch hinzu der will nur spielen. [...]

Mitten im Park liegt die alte Pferderennbahn Scheibenholz. Das Gebäude ist deutlich in die Jahre gekommen. Es hat seit dem Sommer einen neuen Anstrich das Dachgerüst aus alten genieteten Stahlträgern und den hölzernen Bänken strahlt aber immer noch einen Charme aus, der anderswo längst tot saniert worden ist. Zum Aufgalopp am 1. Mai werden wir hier Ferngläser vor die Augen pressend sitzen mit seltsamen englischen Kopfbedeckungen und im Tweedsakko um die Atmosphäre zu genießen. Wir werden keine Ahnung davon haben wie gut die Pferde eigentlich laufen oder wie Pferdewetten eigentlich funktionieren aber Rotkäppchen aus mitgebrachten Wassergläsern trinken. [...] Ich habe mal ein bisschen in Münster gewohnt und mir damals geschworen nur noch in einer Stadt zu wohnen die einen schönen Bahnhof hat. Alles andere ist ein Ding der Unmöglichkeit. Leipzig hat den größten Kopfbahnhof Europas. Manchmal setze ich mich mit so einem Pappbecher Kaffee auf den Bahnsteig um einfach nur zuzuschauen wie die Leute um mich herumwuseln. Manchmal muss ich auch selbst wuseln weil ich einen Zug nach hierhin oder dorthin erwischen muss. Leipzig ist die beste Homebase die es gibt. Man kann gut wegfahren und ist schnell überall. [...]

Es gibt im Rheinland wo ich herkomme diese altbekannte Rivalität zwischen Köln und Düsseldorf. Wobei natürlich alle – das ist nur allzu verständlich – Köln ein bisschen lieber mögen als Düsseldorf auch die Düsseldorfer aber das geben die nur wirklich ungern zu. Hier in Sachsen verhält es sich ganz ähnlich. Da gibt es Leipzig und da gibt es Dresden. Und natürlich mögen alle Leipzig ein bisschen lieber. Aber das ist auch ganz in Ordnung so. Schließlich kann man sich hier auch als Rheinländer mehr als zu Hause fühlen sage ich zu meinem Hund.

Mein Leipzig. Liebeserklärung an eine besondere Stadt; in Anlehnung an: Claudius Nießen; aus: Journal Leipziger Buchmesse, Friedrich Mediengestaltung, Seelze 2006, S. 10

2. Vergleichen Sie Ihre Lösung mit der Lösung auf S. 61.

3. Schreiben Sie die Sätze, in denen Sie Zeichenfehler nicht erkannt haben, mit richtiger Zeichensetzung auf kleine Karteikarten.

4. Sortieren Sie die Karten nach der Art der Zeichenfehler: Aufzählungen, Satzreihe (Hauptsatz/Hauptsatz), Satzgefüge (Hauptsatz/Nebensatz), Ergänzungen, Zeichenfehler bei der wörtlichen Rede etc.
Sie können jetzt gezielt in den Bereichen üben, in denen Sie Zeichenfehler gemacht haben.

Funktion der Zeichensetzung

Satzzeichen haben die Funktion, einen geschriebenen Text übersichtlich zu gestalten und ihn dadurch für den Lesenden überschaubar zu machen. Darüber hinaus haben Sie mit den Satzzeichen die Möglichkeit, besondere Aussageabsichten hervorzuheben. Grundsätzlich unterscheidet man Satzzeichen,

- die den Schluss von Ganzsätzen markieren:
  Punkt, Ausrufezeichen, Fragezeichen.
- die Sätze in sich gliedern:
  Komma, Semikolon, Doppelpunkt, Gedankenstrich, Klammern.
- die wörtliche Rede oder Textstellen bzw. Wörter besonders hervorheben: **Anführungszeichen.**

Zeichensetzung in Satzreihen

Die Sätze in einer Satzreihe werden durch Komma voneinander getrennt:
Da gibt es Leipzig, da gibt es Dresden.
Bei der Reihung von selbstständigen Sätzen, die durch *und, oder, beziehungsweise* bzw. *entweder – oder, nicht – noch* oder durch *weder – noch* verbunden sind, kann man ein Komma setzen, um die Gliederung des Ganzsatzes deutlich zu machen: *Da gibt es Leipzig(,) und da gibt es Dresden.*

Zeichensetzung in Satzgefügen

In einem Satzgefüge trennen Sie die einzelnen Sätze durch Komma voneinander ab. Relativpronomen (*der, die, das, …*) und Konjunktionen (*weil, obwohl, dass …*) können als Hinweise für die Zeichensetzung genutzt werden:
Leipzig ist die beste Homebase, die es gibt. Wenn ich mal nicht zu Fuß gehe oder mit dem Rad fahre, dann warte ich an der Haltestelle so lange, bis so ein Ungetüm angerumpelt kommt. Es gibt im Rheinland, wo ich herkomme, diese altbekannte Rivalität zwischen Köln und Düsseldorf.

Bei **formelhaften Nebensätzen** können Sie das Komma weglassen:
Wie bereits gesagt (,) verhält sich die Sache anders. Ich komme (,) wenn nötig (,) bei dir noch vorbei.

Zeichensetzung bei Aufzählungen

Aufzählungen werden durch Komma voneinander getrennt. Das gilt sowohl für die Aufzählung einzelner Wörter und Wortgruppen als auch für die Aufzählung gleichrangiger Teilsätze.
Sind die Bestandteile einer Aufzählung durch *und, oder, beziehungsweise/bzw., sowie* (= und), *wie* (= und), *entweder – oder, nicht – noch, sowohl – als (auch), sowohl – wie (auch)* oder durch *weder – noch* verbunden, setzen Sie kein Komma:
Das Ambiente, die flinke Bedienung, die verschiedenen Kaffeesorten, die leckeren Kuchen und die kleinen Speisen …
Achtung: Werden gleichrangige Wörter, Wortgruppen oder Sätze durch die Konjunktionen *aber, doch, jedoch* oder *sondern* voneinander abgegrenzt, wird ein Komma gesetzt:
Im Bahnhof war es zumeist laut, stickig und voll, aber nie uninteressant.

Zeichensetzung bei Ergänzungen

Ergänzungen in Form von Zusätzen oder Nachträgen, die den Fluss eines Satzes hemmen, grenzen Sie mit Komma ab. Dies betrifft u. a. Appositionen (Substantivgruppen als Nachträge), Anreden, das Datum:
- **Apposition:** *Mein Hund, ein zweijähriger Mischling, …*
- **Anrede:** *„Max, uns geht es doch richtig gut!"*
- **Nachgestellte Erläuterungen**, die mit *also, besonders, das heißt (d. h.), das ist (d. i.), genauer, insbesondere, nämlich, und das, und zwar, vor allem, zum Beispiel (z. B.)* eingeleitet werden, werden mit Komma abgetrennt: *Der Bahnhof, besonders der Bahnhof von Leipzig, …*

Partizipialgruppen können, müssen aber nicht mit Komma abgetrennt werden:
Am 1. Mai werden wir hier (,) Ferngläser vor die Augen pressend (,) sitzen …
Ausnahme: Die Partizipgruppe ist ein nachgestellter Zusatz zu einem Substantiv, Pronomen oder Adjektiv: *Max, freudig mit dem Schwanz wedelnd, lief zu dem Jogger.*

Zeichensetzung bei Infinitivgruppen

Infinitivgruppen grenzen Sie in folgenden Fällen mit Komma ab:
- Die Infinitivgruppe ist mit *um, ohne, statt, anstatt, außer, als* eingeleitet: *Manchmal setze ich mich mit so einem Pappbecher Kaffee auf den Bahnsteig, um einfach nur zuzuschauen.*
- Die Infinitivgruppe bezieht sich auf ein vorangehendes Substantiv/Nomen oder wird durch ein vorhergehendes Verweiswort angekündigt:
  Max liebt es, gestreichelt zu werden. Max wartete darauf, Wasser zu bekommen.

Zeichensetzung bei wörtlicher Rede

Die wörtliche Rede wird in Anführungszeichen gesetzt. Dabei bekommt der Aussagesatz keinen Schlusspunkt, wenn ein Begleitsatz folgt:
„Mein Hund spielt gern", sagte ich.
Frage- und Ausrufezeichen bleiben aber erhalten:
„Der tut doch nichts?", fragte er. „Der tut nix!", rief ich zurück.

Der eingeschobene Begleitsatz wird durch Kommas eingeschlossen:
„Der tut keinem etwas“, beruhigte ich ihn, „besonders Freunden nicht.“

Lösung zu S. 58:

Wenn wir einen Tag richtig gut anfangen wollen hier in Leipzig, dann gehen mein Hund, ein zweijähriger Mischling, und ich ins Café Grundmann.
Ich trinke dann einen Milchkaffee und ein Glas Quittenschorle, mein Hund liegt unter dem Tisch, den Kopf auf die Pfoten gelegt, und wir beobachten das Kaffeehaus-Treiben.
„Max, uns geht es doch richtig gut“, sage ich dann oft zu ihm und streichle ihm über den Kopf. Max liebt es, gestreichelt zu werden. Im Grundmann geht es schon morgens hoch her. Und wir sind nicht die Einzigen in Leipzig, die das Wiener-Kaffeehaus-Ambiente, die flinke Bedienung, das Frühstück, die verschiedenen Kaffeesorten, die leckeren Kuchen und die kleinen Speisen zu schätzen wissen. Nirgendwo freut sich mein Hund so auf sein Wasser wie hier. Vom Grundmann kommen wir, wenn wir einen kleinen Bogen gehen, auf dem Weg zum Literaturinstitut durch den Clara-Zetkin-Park. Mein Hund liebt den Park genauso wie ich. Vor Freude läuft er am liebsten (,) ohne nach links und rechts zu schauen (,) jedem Jogger vor die Füße. „Der tut nix!“, rufe ich dann und füge noch hinzu, „der will nur spielen.“ [...]
Mitten im Park liegt die alte Pferderennbahn Scheibenholz. Das Gebäude ist deutlich in die Jahre gekommen. Es hat seit dem Sommer einen neuen Anstrich, das Dachgerüst aus alten genieteten Stahlträgern und den hölzernen Bänken strahlt aber immer noch einen Charme aus, der anderswo längst tot saniert worden ist. Zum Aufgalopp am 1. Mai werden wir hier sitzen, Ferngläser vor die Augen pressend, mit seltsamen englischen Kopfbedeckungen und im Tweedsakko, um die Atmosphäre zu genießen. Wir werden keine Ahnung davon haben, wie gut die Pferde eigentlich laufen oder wie Pferdewetten eigentlich funktionieren, aber Rotkäppchen aus mitgebrachten Wassergläsern trinken. [...] Ich habe mal ein bisschen in Münster gewohnt und mir damals geschworen, nur noch in einer Stadt zu wohnen, die einen schönen Bahnhof hat. Alles andere ist ein Ding der Unmöglichkeit. Leipzig hat den größten Kopfbahnhof Europas. Manchmal setze ich mich mit so einem Pappbecher Kaffee auf den Bahnsteig, um einfach nur zuzuschauen, wie die Leute um mich herumwuseln. Manchmal muss ich auch selbst wuseln, weil ich einen Zug nach hierhin oder dorthin erwischen muss. Leipzig ist die beste Homebase, die es gibt. Man kann gut wegfahren und ist schnell überall. [...]
Es gibt im Rheinland, wo ich herkomme, diese altbekannte Rivalität zwischen Köln und Düsseldorf. Wobei natürlich alle – das ist nur allzu verständlich – Köln ein bisschen lieber mögen als Düsseldorf, auch die Düsseldorfer, aber das geben die nur wirklich ungern zu. Hier in Sachsen verhält es sich ganz ähnlich. Da gibt es Leipzig und da gibt es Dresden. Und natürlich mögen alle Leipzig ein bisschen lieber. Aber das ist auch ganz in Ordnung so. „Schließlich kann man sich hier auch als Rheinländer mehr als zu Hause fühlen!“, sage ich zu meinem Hund.

Richtig Zitieren

Ein Zitat verwenden bedeutet, die Aussage anderer direkt oder indirekt wiederzugeben. Zitate werden vor allem im Schriftlichen gebraucht, um eine die Aussage stützende Textstelle zu nennen.

Direktes Zitat

Beim direkten Zitieren werden die Aussagen aus dem fremden Text wörtlich und unverändert (‚direkt') übernommen. Diese Übernahme wird mit Anführungszeichen kenntlich gemacht und muss eindeutig belegt werden. Eventuelle Auslassungen werden mit eckigen Klammern markiert: [...]. Dabei ist zu beachten, dass der Sinn der übernommenen Aussage nicht entstellt oder verfälscht wird. Dies gilt auch für Ergänzungen, wenn eine zitierte Aussage als Satzteil in den eigenen Satz eingebaut wird (s. u.). Auch Rechtschreibfehler oder veraltete Schreibungen sollten übernommen werden. Schwerwiegende Fehler sollten mit einem ‚sic' (‚wirklich so') in eckigen Klammern – [sic!] – gekennzeichnet werden.

Indirektes Zitat

Beim indirekten Zitieren werden Aussagen des fremden Textes sinn- und sachgemäß in eigenen Worten wiedergegeben. Um dabei deutlich zu machen, dass es sich um eine Wiedergabe fremder Aussagen handelt, wird in der Regel der Konjunktiv I genutzt (indirekte Redewiedergabe): *Die Autorin ist der Meinung, es sei nicht angebracht, sich mit fremden Federn zu schmücken.* Auch solche indirekten Zitate müssen belegt werden, in der Regel mit ‚vgl.' (vergleiche) oder auch mit ‚siehe'. Möchte man im eigenen Text einen ganzen Argumentationsgang eines Autors wiedergeben, geschieht dies im ‚sinngemäßen Zitieren': *Nach Schulz von Thun wird die Kommunikation durch das Vier-Ohren-Modell bestimmt. Danach ...*

Im Rahmen der zentralen Klausur spielt das direkte Zitieren eine wichtige Rolle, da Aussagen zu den Ausgangstexten durch Zitate begründet werden müssen. Im Rahmen der Darstellungsleistung wird das „angemessene" und „korrekte" Zitieren ausdrücklich mit in die Bewertung einbezogen.

Regeln zum angemessenen und korrekten Zitieren

- Zitieren ist wichtig, aber Zitate sollten nicht zu lang sein.
- Zitate dürfen nicht für sich selbst stehen, sondern müssen einen Bezug zum eigenen Text haben.
- Zitate müssen buchstabengetreu die Aussage wiedergeben und dürfen nicht verändert werden.
- Für die Zeichensetzung beim Zitieren sowie die Kennzeichnung von Kürzungen oder Hervorhebungen durch den Schreibenden gelten feste Regeln.
- In Gedichten und kurzen Texten werden die Zeilen angegeben, in längeren Texten die Seite bzw. Seite und Zeile. Seiten- und Zeilenangaben werden durch Komma getrennt (*S. 12, Z. 13–15*).

- Wird aus zwei oder mehreren Texten zitiert, muss durch Angabe der Kurzform des Verfassernamens oder eine Nummerierung kenntlich gemacht werden, aus welchem Text das Zitat stammt (*Goethe, S. 6, Z. 15*) oder (*Text A, S. 43, Z. 12*).
- Zitate sind zur Begründung der eigenen Aussagen notwendig. Im Anschluss an den Einleitungssatz können Zitate nach einem Doppelpunkt folgen. Der abschließende Punkt steht erst nach der Belegstelle:
  An dieser Stelle wird seine Unsicherheit besonders deutlich: „Wusste er im Augenblick überhaupt noch, wie er sich in dieser Gefahrensituation verhalten sollte?" (S. 13).
- Zitate können allerdings auch in den eigenen Satz eingebaut werden. Aber Achtung! Es dürfen dadurch keine Brüche im Satzbau entstehen und das Zitat darf dabei nicht verändert werden:
  Durch die Frage des Erzählers, ob er überhaupt noch wusste, „wie er sich in dieser Gefahrensituation verhalten sollte" (S. 13), wird die Unsicherheit der Hauptfigur des Romans besonders deutlich.
- Zitate im Zitat, also wörtliche Rede in einem Zitat, werden durch halbe Anführungszeichen kenntlich gemacht: *„Manrad zögerte einen Moment, dann rang er sich zu folgenden Worten durch: ‚Schön, dass du wieder hier bist!'" (S. 61)*
- Hervorhebungen in einem Zitat müssen gekennzeichnet werden: *„Manrad <u>zögerte einen Moment</u>, dann <u>rang er sich</u> zu folgenden Worten durch: ‚Schön, dass du wieder hier bist!'" (S. 61, Hervorhebung von mir)*
- Werden Informationen indirekt aus dem Text entnommen, müssen keine Anführungszeichen gesetzt werden, aber die Stelle, an der die Informationen zu finden sind, sollte angegeben werden: *Nachdem er es geschafft hatte, fühlte Karlson sich glücklich und von einer schweren Last befreit (vgl. S. 47).*
- Falsch ist: *Auf Seite 45 stirbt die Hauptfigur des Romans im Krankenhaus.*
  Richtig ist: *Die Hauptfigur des Romans stirbt im Krankenhaus (siehe S. 45).*